TAPGOL PARK

The First Urban Park in Seoul

탑골공원

서울 최초의 도시공원

공평도시유적전시관
Gongpyeong Historic Sites Museum

전시를 만든 사람들

전시총괄
김용석 장화영

전시기획
이승헌 김성룡

전시진행
황해진 안미경 이정민

전시보조
권효주 부승아
심예성 윤예주

전시도록
김성룡 권효주 이정민

전시자문
박희용

도록논고
박희용

유물출납
정지인 노지현 이현정

유물해제
송철호

사진촬영
최인호 김민주 한인경

보존환경
신장하

행정지원
박경희 유지훈 이영섭

번역
한국동시통역연구소

전시 공사·그래픽·홍보물
에픽 지키다 수

도록
가을기획

전시영상
시선커뮤니케이션

유물운송
선진아트

유물대여
개인소장
대한민국역사박물관
한양대학교 백남학술정보관

자료제공
국가기록원
국립중앙도서관
국립중앙박물관
국토정보지리원
김진영 교수(연세대학교 노어노문학과)
뉴캐슬대학교 거트루드 벨 아카이브
(Gertrude Bell Archive, Newcastle University)
동아일보
문화재청
서울기록원
서울대학교 규장각한국학연구원
서울역사편찬원
연합뉴스
조선일보
한국정책방송원

일러두기

1. 이 도록은 공평도시유적전시관 기획전시 **'서울 최초의 도시공원, 탑골공원'**('22. 7. 22. ~ '23. 3. 19.)의 전시도록이다.
2. 파고다·탑골·탑동 등의 병용으로 인한 혼란을 방지하기 위해 유물 및 자료의 지정된 명칭을 제외하고, 공원 이름은 탑골공원으로 통일하였다.
3. 수록된 사진과 설명은 협조 기관에서 제공받은 자료를 토대로 작성 정리한 것이다.
4. 유물설명은 유물명칭, 시대, 크기, 소장처 순으로 명시하였으며, 서울역사박물관 소장 유물은 소장처를 생략하였다.
5. 유물크기는 세로×가로×높이 순이며, 단위는 cm, 유물이 아닌 패널, 이미지 등에 활용된 전시자료는 크기를 명시하지 않았다.
6. 이 도록에 수록된 내용의 무단사용을 금하며, 이용하고자 하는 경우 각 소장 기관의 사전허가를 받아야 한다.

CONTENTS

차 례

Introduction

Parks can be found all around us. People can relax, relieve their stress of daily life at park. Parks have now become an indispensable part of life. In particular, the urban parks that lie within the concrete jungle are valuable places for busy contemporary people. However, the introduction of urban parks that everyone can enjoy was relatively late in Korea. Tapgol Park was the first of them, which is located in Jongno-2-ga in Seoul. Even amid the rapid modernization of Hanyang and the dynamic changes that took place in Gyeongseong and later Seoul, Tapgol Park has remained unchanged in its original location. Ever since Gongpyeong Historic Sites Museum first opened its doors, we have been holding annual special exhibitions of cultural heritage in the Jongno area. This year, we are proud to share the historic value of Tapgol Park and the stories it contains. Although Tapgol Park is currently a space that symbolizes elderly culture, it harbors rich tales of our past times. We hope this exhibition will enable you to discover the stories that lie within Tapgol Park and trace the people who once enjoyed themselves in this historic space.

Yongseok Kim

Director, Seoul Museum of History

전시를 열며

우리 주변에서는 공원을 쉽게 발견할 수 있습니다. 사람들은 일상의 스트레스를 공원에서 여유롭게 달래며 스스로를 재충전합니다. 공원은 이제 빠질 수 없는 중요한 생활 요소로 자리 잡았습니다. 특히 복잡한 빌딩숲 속에 존재하는 도시공원은 바쁜 현대인들에게 소중한 안식처입니다. 지금은 누구나 누리고 즐기고 있는 도시공원이 우리나라에 도입된 시기는 오래되지 않았습니다. 그중 최초는 서울 종로2가에 위치한 탑골공원입니다. 탑골공원은 한양의 급격한 근대화와 경성, 서울의 역동적인 변화 속에서도 변함없이 그곳에 자리해왔습니다. 공평도시유적전시관은 개관 이후 매년 종로 일대의 문화유산을 주제로 기획전시를 개최하고 있습니다. 올해는 탑골공원의 역사적 가치와 그 속에 담긴 이야기를 소개하고자 합니다. 지금은 노인 문화를 상징하는 대표적인 공간이지만 그 이전에 많은 이야기가 담겨 있습니다. 이번 전시에서 탑골공원이 간직한 이야기, 공원을 즐겼던 사람들의 흔적을 발견할 수 있기를 바랍니다.

서울역사박물관장 김 용 석

탑골공원 연표

1465
원각사 창건

1467
원각사10층석탑
낙성

1471
대원각사비
건립

1504
원각사 폐사

1919
3.1독립선언서
낭독

1932
경성부에서
운영 담당

1933
어린이 놀이터 조성 및
라디오탑 설치

1945 해방

1946
원각사지10층석탑
상층부 복구

1956
이승만대통령
동상 건립

1960
3.1독립선언기념탑
기공

1965
손병희선생
동상 건립

1899
공원 조성을 위한
민가 철거

1902
탑골공원
개원開園

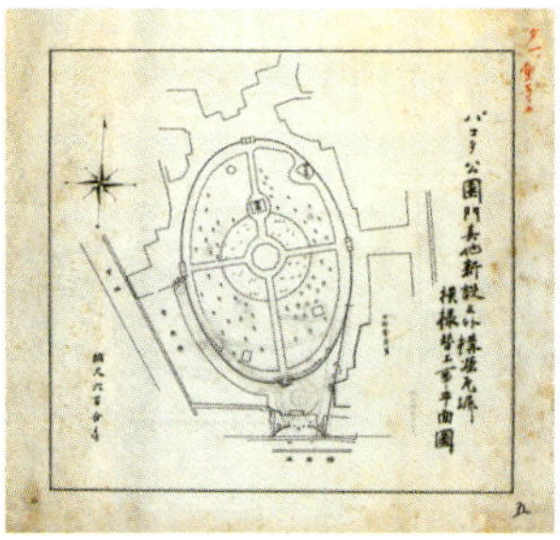

1903
공원 서쪽으로
군악대 이전 및 팔각정 건립

1904
바가지형(瓢子式)
음악당 건립

경술국치 **1910**

1910
총독부에서
운영 담당

1911
일반인 공개

1913
매일 및
야간 개방

1914
카페 파고다(塔茶園)
입점

1916
바가지형 음악당 철거 및
용산 음악당 이축

1967
탑골공원
중수重修

1984
아케이드 철거 및
공원 정비

1992
공원 명칭
'탑골공원'으로 지정

2002
탑골공원
성역화 사업

프롤로그

조선시대 탑골

현재 종로 인사동과 낙원동 일대는 옛날 한양 경행방慶幸坊이었다. 불교를 숭상崇尙하였던 세조世祖(재위 1455~1468)는 이곳에 원각사圓覺寺를 창건하였고, 일명 백탑白塔이라고 일컫는 대리석 소재의 10층석탑을 건립하였다. 이때부터 그 주변을 탑이 있는 동네라고 하여 탑골塔골 또는 탑동塔洞으로 불렀다. 원각사는 왕실 사찰로서 번창하였고, 탑골 일대는 외국 사신들도 즐겨 찾는 한양의 명소名所로 발전하였다. 세조 이후 원각사는 예전의 위상을 점차 잃었고, 결국 1504년(연산군 10)에 폐사廢寺되었다. 임진왜란壬辰倭亂 이후 원각사 터와 탑골에는 백성들의 민가가 빽빽이 들어서면서 과거 흔적을 찾을 수 없었고, 10층석탑만이 우뚝 솟은 채로 옛 영광을 상징하고 있었다.

The areas now known as Jongno and Nakwon-dong were formerly parts of Gyeonghaeng-bang in Hanyang. King Sejo (r. 1455-1468), who worshipped Buddhism, built Wongaksa temple in this location, as well as the ten-story stone pagoda made of marble referred to as the "white pagoda." From this point on, the area was known as Tapgol or Tapdong, which means "neighborhood around pagoda." Wongaksa temple flourished as the main temple of the royal household, and the area around Tapgol also developed into a famous attraction that even foreign envoys loved to visit. In the wake of King Sejo, Wongaksa temple gradually lost its status and was eventually removed in 1504. After the Imjin War (the Japanese invasions of Korea, 1592-1598), Tapgol and the former site of Wongaksa temple became crowded with the private houses of common people, with traces of the past all removed. Only the lofty ten-story stone pagoda remained as a symbol of the area's former glory.

Prologue

Tapgol in the Joseon Dynasty

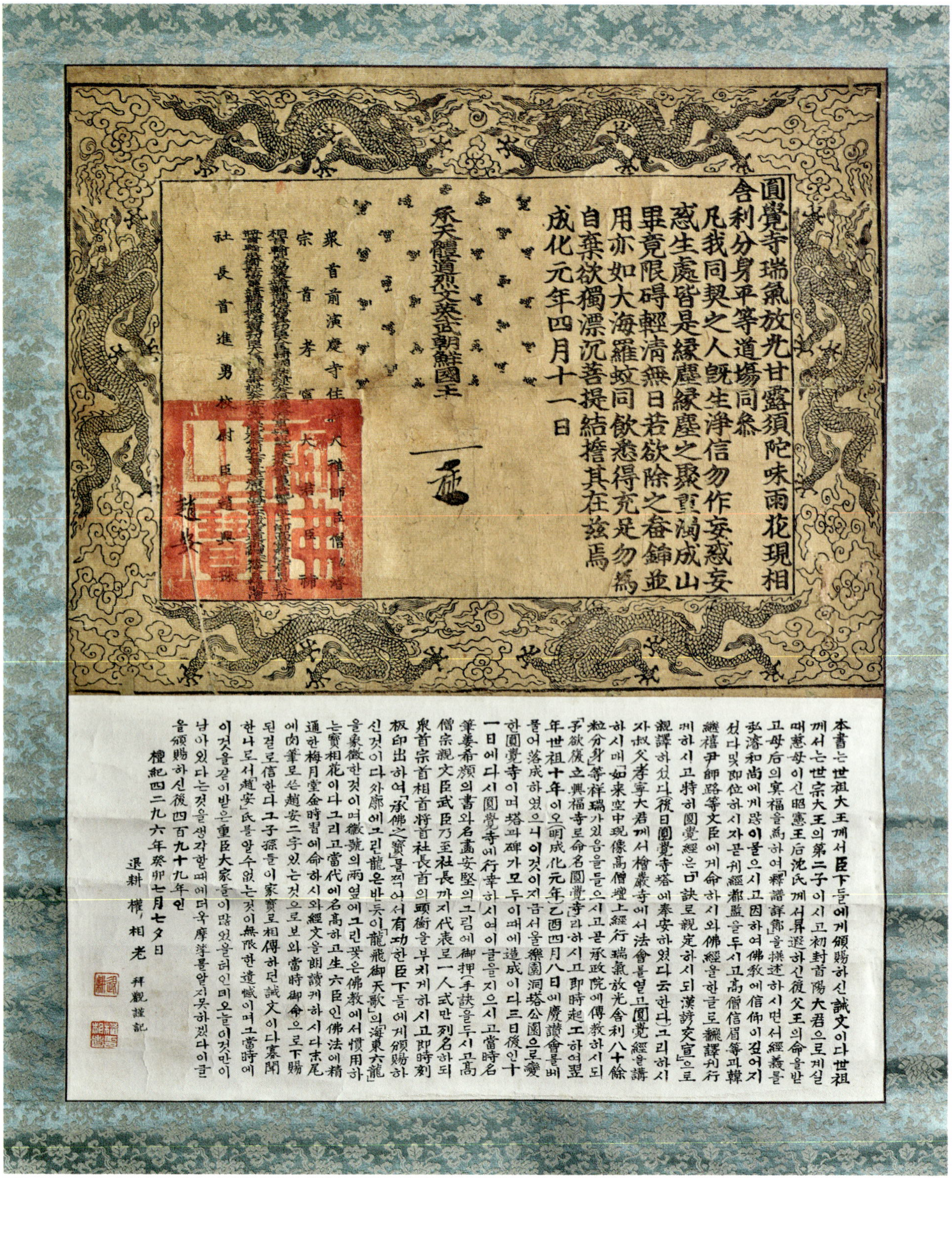

圓覺寺瑞氣放光甘露須陀味雨花現相
舍利分身平等道場同參
凡我同契之人旣生淨信勿作妄惑妄
惑生處皆是緣塵緣塵之聚豈淌成山
畢竟限碍輕清無日若欲除之畚鍤並
用亦如大海羅蚊同飲悉得充足勿爲
自棄欲獨漂沉菩提結擔其在玆焉
成化元年四月十一日
承天體道烈文英武朝鮮國王

衆首前演慶寺住持[illegible]禪師臣僧[illegible]
[illegible]
宗首孝寧大君臣補
社長首進勇校尉臣趙興珠
趙安

本書는世祖大王께서臣下들에게頒賜하신誡文이다世祖께서는世宗大王의第二子이시고初封首陽大君으로계실때慈母이신昭憲王后沈氏께서昇遐하신後父王의命을받고母后의冥福을爲하여「釋譜詳節」을撰述하시면서經義를弘濟和尙에게많이물으시고因하여佛敎에信仰이깊어지셨다및即位하시자곧刊經都監을두시고高僧信眉等과韓繼禧尹師路等文臣에게命하시와佛經을한글로飜譯刊行께하시고特히圓覺經은口訣로親定하시되漢諺交宣」으로親譯하셨다(後日圓覺寺塔에奉安하였다云한다)그리하시자叔父孝寧大君께서檜巖寺에서法會를열고圓覺經을講하시매「如來空中現像高僧壇上經行瑞氣放光舍利八十餘粒分身」等祥瑞가있음을들으시고곧承政院에傳敎하시되「予欲復立興福寺로命名圓覺寺」라하시고即時起工하여翌年世祖十年이오(明成化元年)乙酉四月八日에慶讚會를베풀어落成하였으니이것이지금서울樂園洞塔公園으로變한圓覺寺이며塔과碑가모두이때에造成이다三日後인十一日에다시圓覺寺에行幸하시여이글을지으시고當時名筆姜希顔의書와名畵安堅의그림에御押(手訣)을두시고高僧宗親文臣武臣乃至社長까지代表로一人式만列名하되衆首宗首相首將首社長首의頭衔을부치게하시고即時刻板印出하여「承佛之寶」를찍어서有功한臣下들에게頒賜하신것이다外廓에그린龍은반듯이「龍飛御天歌」의「海東六龍」을象徵한것이며徽號의兩옆에그린꽃은佛敎에서慣用하는寶相花이다그리고當代에名高하고生六臣인佛法에精通한梅月堂金時習에命하시와經文을朗讀케하시다末尾에肉筆로쓴趙安二字있는것으로보와當時御命으로下賜된걸로信한다그子孫들이家寶로相傳하던誡文이다寡聞한나로서「趙安」氏를알수없는것이無限한遺憾이며그當時에이것을같이받은重臣大家들이많었을터인데오늘이것만이남아있다는것을생각할때에더욱摩挲를알지못하겠다이글을頒賜하신後四百九十九年인

檀紀四二九六年癸卯七月七夕日

退耕 權,相老 拜觀謹記

원각사 계문
圓覺寺 契文
Wongaksa Temple Admonitions

1465년 | 38.7×50 | 개인소장

세조世祖(재위 1455~1468)가 원각사 건립을 기념하기 위해 직접 작성한 것으로 수륙재水陸齋 참여를 권장하는 내용이다.
수륙재란 물과 육지를 헤매는 영혼과 아귀餓鬼를 달래기 위해 불법을 강설하고 음식을 베푸는 의례이다.
계문의 보관함에는 일제강점기 조선미술관 관장을 역임한 우경友鏡 오봉빈吳鳳彬(1893~?)이 계문을 소장하고 있다가
3.1운동 민족대표 33인 중 한명이자 당시 저명한 서예가였던 위창葦滄 오세창吳世昌(1864~1953)에게 친필 서명을 부탁한 문구가 있다.
아래의 글은 불교학계의 권위자로 동국대학교 초대 총장 권상로權相老(1879~1965)가 계문의 내용을 분석하여 작성한 해설문이다.

圓覺寺瑞氣放光甘露須陀味雨花現相
舍利分身平等道場同叅
凡我同契之人旣生淨信勿作妄惑妄
惑生處皆是緣塵緣塵之聚重濁成山
畢竟限碍輕淸無日若欲除之畚鍤並
用亦如大海羅蚊同飮悉得充足勿爲
自棄欲獨漂沉菩提結誓其在玆焉
成化元年四月十一日

承天體道烈文英武朝鮮國王 (御押)
衆首前演慶寺住□(持)大禪師臣僧弘濬
宗首孝寧大君臣補
相首輸忠協策靖難同德佐翼功臣大匡輔國崇祿大夫…申叔舟
將首輸忠衛社協策靖難同德佐翼功臣大匡輔國崇祿大夫…臣韓明澮
社長首進勇校尉臣趙興珠
趙安
[承佛之寶]

원각사에 서기가 빛을 발하고 감로甘露, 수타미須陀味와 꽃비가 내리고,
여래가 현상하며, 사리분신舍利分身한 평등도량(원각사)에 동참한다.
우리 함께 맺어진 사람들은 이미 청정한 신심이 생겼으니,
망혹의 마음을 일으키지 말라. 망혹이 생기는 곳은 모두 연진緣塵이다.
연진의 덩어리가 무겁고 탁해져 산을 이루면 끝내 한계에 막힐 것이요,
가볍고 맑은 날이 없을 것이다. 만약 연진의 덩어리를 없애고자 한다면
삼태기와 삽을 같이 쓰면 되니, 그것은 마치 큰 바다에 늘어선 모기들이
모두 함께 바닷물을 마셔도 충분히 만족할 수 있는 것과 같다.
제풀에 포기하지 말고 홀로 부침하려 하지 말라.
보리菩提에 대한 맹세가 여기에 있다.

성화원년(1465년, 세조 11) 4월 11일

* 감로甘露 : 부처의 가르침이나 깨달음
* 수타미須陀味 : 하늘에서 감로가 내릴 때 솔잎 위에 생기는 흰색 물질
* 연진緣塵 : 인간의 본성을 흐리게 하는 여섯 가지 경계

동국여지지

東國輿地誌

Geography of Dongguk (Joseon) (*Donggukyeojiji*)

1656년 | 30.1×20.8 | 서울대학교 규장각한국학연구원/중앙도서관

조선후기 실학자였던 유형원柳馨遠(1622~1673)이 편찬한 전국지리지이다. 「경도京都」에서는 조성 초기 원각사의 번창한 모습과 저술 당시의 폐허화된 모습을 기록하고 있는데, 이를 통해 원각사의 변화상을 알 수 있다.

기둥을 헤아려보면 300여 개나 되고
금빛 찬란한 전각이 비할 데가 없었으며,
뜰 가운데 13층 석탑을 세우고…
지금은 절이 없어지고 그 터는 민가가 되었는데 탑과 비는 아직도 남아 있다.

유형원柳馨遠, 『동국여지지東國輿地誌』 권1 「경도京都」 한성부漢城府, 1656년

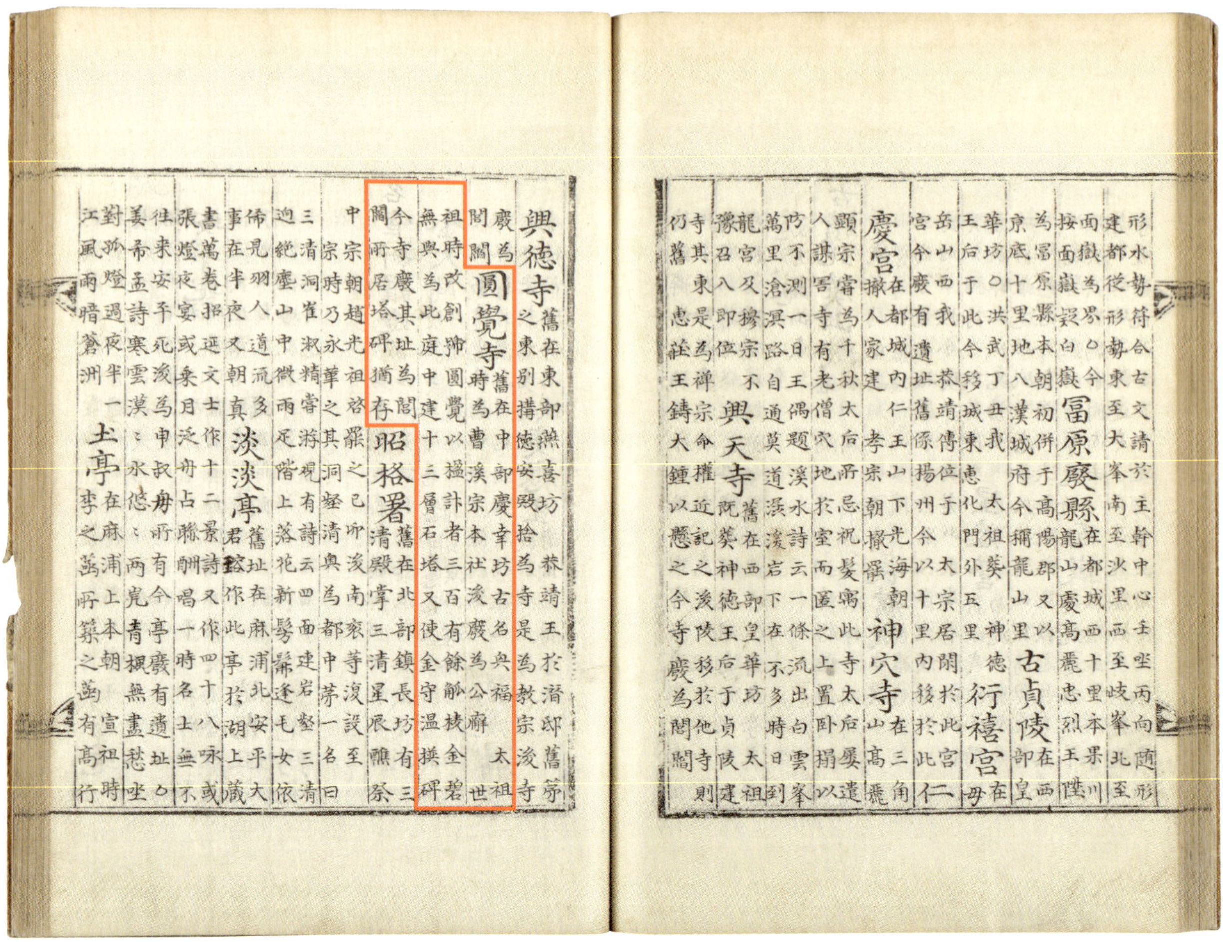

탑동연첩

塔洞宴帖

Commemorative Painting
of Banquet of Military Officers in Tapdong
(Tapdongyeoncheop)

1803년

훈련도감訓鍊都監 대장
김조순金祖淳(1765~1832)과 관원들이
자줏골(지금의 창신동)일대에서 잔치를 열고
즐기는 장면을 그림과 글로 남긴 것이다.
그림 중앙 상단에 하얀색으로 표현된
10층석탑을 확인할 수 있다.

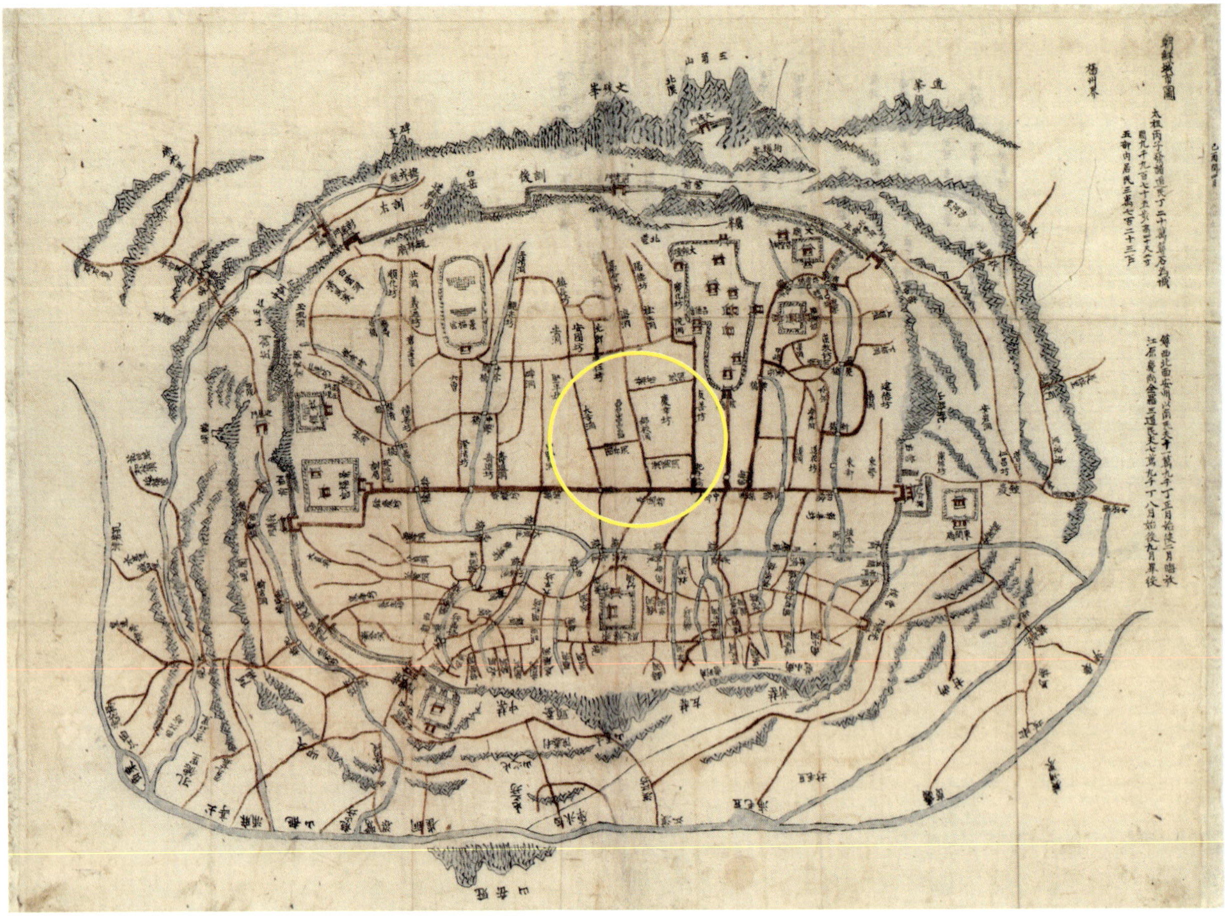

조선성시도

朝鮮城市圖

Map of Hanyang

1849년

한양을 묘사한 지도로 원각사 터에
10층석탑이 표시되어 있다.

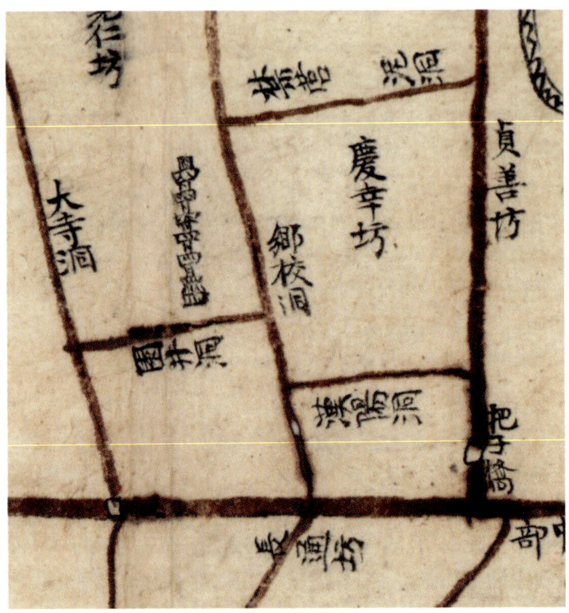

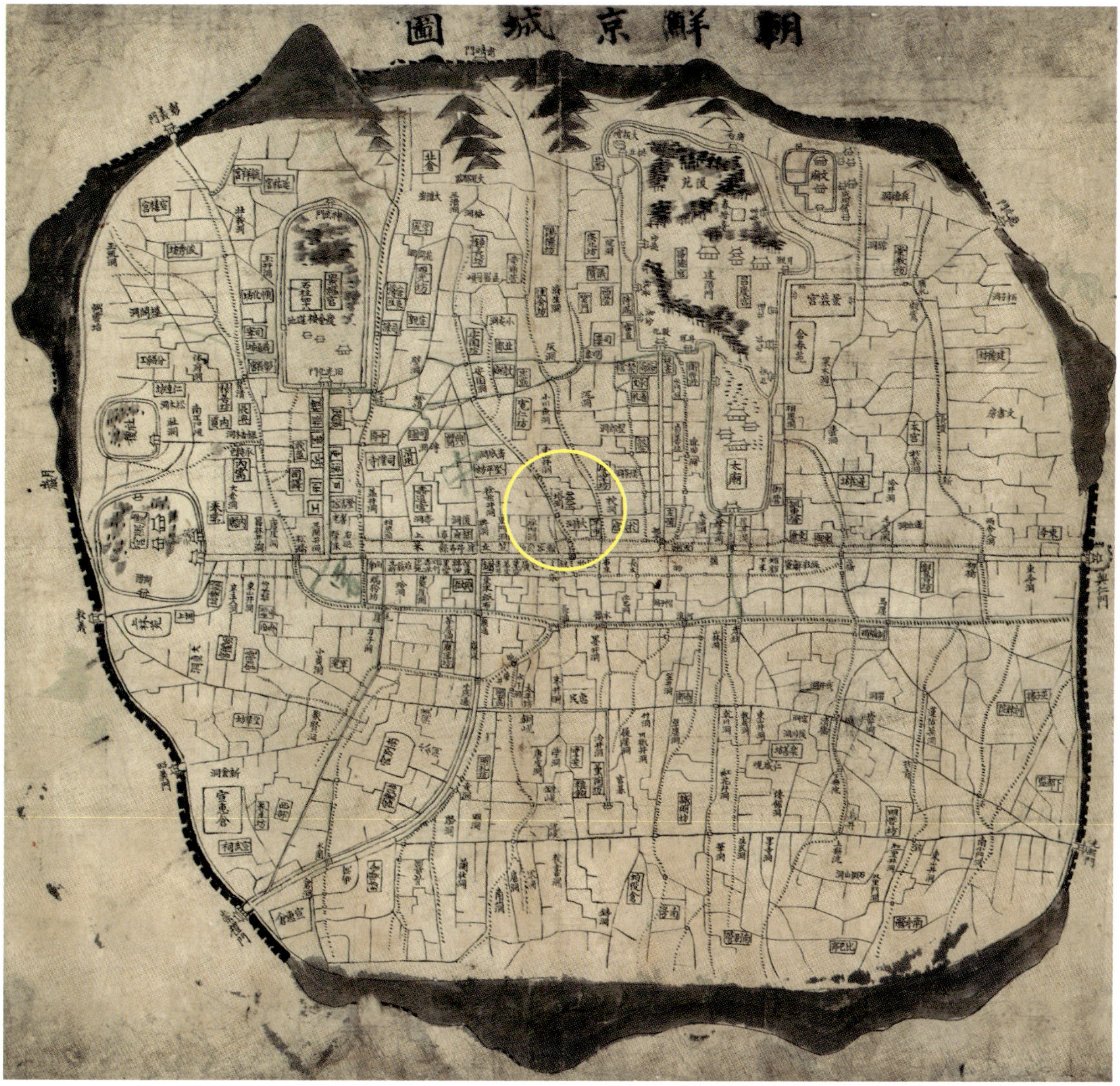

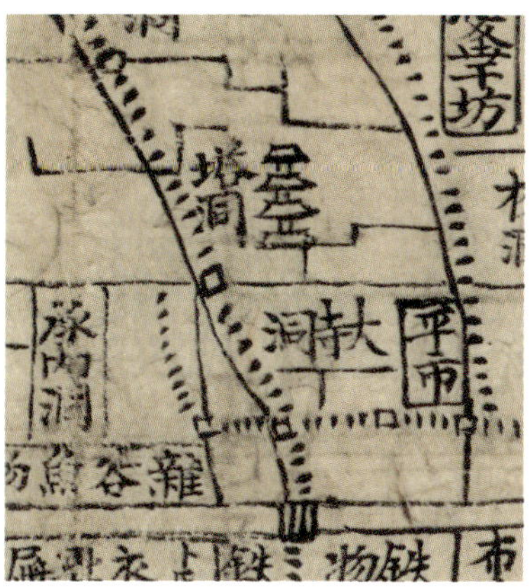

조선경성도

朝鮮京城圖

Map of Hanyang

19세기 중반 | 66.5 × 68.5

19세기 한양의 주요 시설과 도로 및 물길을 목판본으로 제작한 지도이다. 원각사가 있던 자리에 탑동塔洞이라는 지명과 원각사지10층석탑이 표시되어 있다.

한양의 근대화와 탑골공원

서구 사회로부터 시작된 근대화와 신식 문물의 도입은 조선에 많은 영향을 미쳤다. 특히 수도였던 한양에는 근대화로 인한 변화가 뚜렷하게 나타났다. 전통도시 한양이 근대도시로 탈바꿈하기 시작한 것이었다. 그중에서 도시공원 조성은 한양이 근대도시로 발전하고 있다는 것을 대외적으로 알리기 위한 목적이 컸다. 일찍이 해외 유학으로 서구 문명을 경험한 조선 유학생들은 도시공원의 필요성을 강조하였다. 각종 수목樹木과 휴게 시설을 갖춘 공원을 도시민에게 편안한 휴식과 정서적 안정을 제공하는 건전한 공간으로 인식하였다. 한양에서 처음으로 조성되었던 도시공원으로 독립공원, 왜성대공원, 탑골공원 등이 있었다. 그중에서 독립공원과 왜성대공원은 각각 위치, 조성 목적의 이유로 도시공원으로서 조건을 충족하지 못하였고, 최초의 도시공원은 탑골공원이라고 할 수 있다. 조성 초기에는 공원 내 시설이나 운영 측면에서 완전한 형태의 도시공원이라고 할 수는 없었으나, 한양이 근대도시로 변화하고 있다는 것을 보여주는 상징물이었다.

The advent of modernization and new culture that hailed from western society had a profound impact on the Joseon Dynasty. In particular, changes caused by modernization were very apparent in Hanyang. The traditional capital had begun to transform into a modern city. Indeed, the creation of urban parks was largely motivated by a desire to show the world that Hanyang was developing into a modern city. Korean students who had traveled abroad and experienced western civilization at an early age stressed the need for urban parks. They believed that parks filled with trees and rest areas were salubrious spaces that provided the urban population with relaxation and emotional stability. The first urban parks created in Hanyang include Independence Park, Waeseongdae Park and Tapgol Park. Independence Park and Waeseongdae Park didn't meet all the requirements of urban park due to their location and purpose. Therefore, Tapgol Park can be viewed as Seoul's first true city park. During the early years, Tapgol Park was far from a complete urban park in terms of facilities and management, but it was a symbol that showed Hanyang was transforming into a modern city.

Tapgol Park and the Modernization of Hanyang

서울 최초의 도시공원 조성

탑골공원은 서울에서 최초로 조성되었던 도시공원으로 초기 명칭은 '파고다pagoda공원', '탑동공원'이었다. 파고다는 포르투갈어에서 유래한 신성한 탑이라는 뜻이고, 탑이 있는 동네라고 하여 이미 탑동, 탑골로 불리고 있었기 때문에 공원 명칭은 원각사지10층석탑의 영향을 받았다. 공원 조성을 위한 논의는 1897년경부터 있었으나 본격적인 조성은 1899년부터 추진하였다. 공원 조성에는 영국인 해관海關 총세무사總稅務司 맥레비 브라운John McLeavy Brown(1835~1926)이 깊게 관여했다. 브라운은 공원 조성을 위해 한성부漢城府에 탑골 일대 민가 철거를 요구하였다. 당시 민가 철거는 한성부 주도로 진행하였는데 많은 거주민의 반발을 불러왔다. 결국 1901년경에 공원 부지 확보를 마무리하면서 담장과 출입문을 설치하였고, 거북이 형태 경계를 획정劃定한 후 1902년에 정식 개원開園하였다.

As the first urban park created in Seoul, Tapgol Park was initially called "Pagoda Park" or "Tapdong Park." Pagoda is a word derived from Portugese that means "sacred tower," and the area was already known as Tapdong or Tapgol, meaning "neighborhood around pagoda." Accordingly, the name of the park was influenced by the ten-story stone pagoda standing on the former site of Wongaksa temple. Although there had been ongoing discussions on building a park since 1897, it was only in 1899 that the construction began. John McLeavy Brown (1835-1926), the British Chief Commissioner of Korean Customs, was deeply involved in the creation of the park. Brown asked Hanseong-bu (Hanseong Magistracy) to remove the private houses in the Tapgol district in order to construct the park. Hanseong-bu cleared away these houses at the time. This led to a backlash from many residents. The walls and gates of the park were eventually built in 1901 once the site was secured, and Tapgol Park officially opened in 1902 after its boundary was demarcated in the shape of tortoises.

The Creation of Seoul's First Urban Park

서유견문
西遊見聞
Observation of Travels in the West
(*Seoyugyeonmun*)

1895년 | 22.2×16.2×5.3

조선후기 정치가 유길준兪吉濬(1856~1914)이 일본과 미국에서 유학 생활을 하면서 경험한 각종 서구 근대문명을 바탕으로 조선의 근대화를 이루기 위한 구체적인 방법을 저술한 책이다. 내용 중에 근대도시에서 공원의 필요성과 영향에 대해 상세하게 기록하고 있다.

정신이 피곤하고 기력이 나태해졌을 때에 공원에 들어가 한가한 걸음으로 꽃향기를 맡으며 청명한 공기를 호흡하고, 아름다운 경치를 감상하면 고달픈 모습이 사라질 것이다.

유길준兪吉濬, 『서유견문西遊見聞』 2부 6편, 1895년

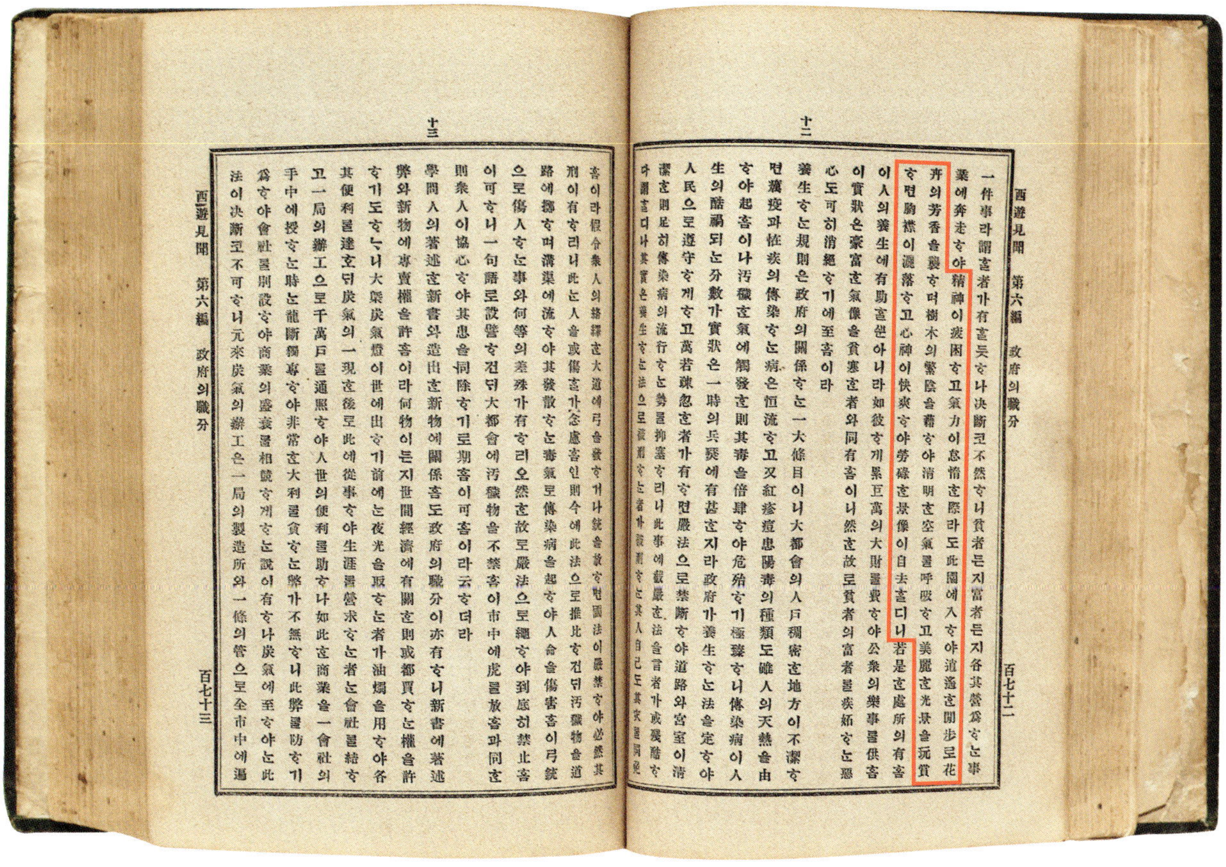

한국과 그 이웃나라들

Korea And Her Neighbours

1898년 | 21×14.8×3.6

영국 출신 작가 이사벨라 버드 비숍Isabella Bird Bishop(1831~1904)이 조선을 4차례 방문한 후 저술한 기행문이다. 이사벨라는 한양에 도착한 후 탑골 일대를 방문하였고 10층석탑과 주변 도시경관에 대해 묘사하였다.

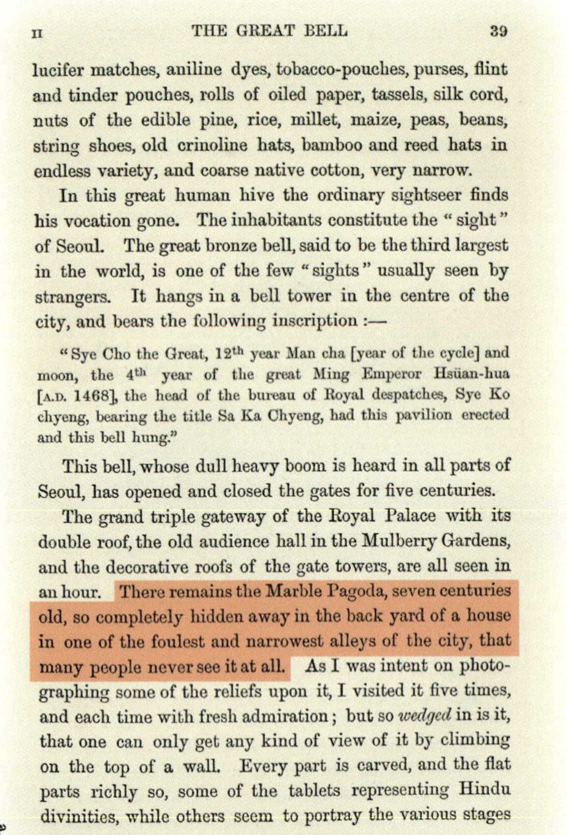

II THE GREAT BELL 39

lucifer matches, aniline dyes, tobacco-pouches, purses, flint and tinder pouches, rolls of oiled paper, tassels, silk cord, nuts of the edible pine, rice, millet, maize, peas, beans, string shoes, old crinoline hats, bamboo and reed hats in endless variety, and coarse native cotton, very narrow.

In this great human hive the ordinary sightseer finds his vocation gone. The inhabitants constitute the "sight" of Seoul. The great bronze bell, said to be the third largest in the world, is one of the few "sights" usually seen by strangers. It hangs in a bell tower in the centre of the city, and bears the following inscription :—

"Sye Cho the Great, 12th year Man cha [year of the cycle] and moon, the 4th year of the great Ming Emperor Hsüan-hua [A.D. 1468], the head of the bureau of Royal despatches, Sye Ko chyeng, bearing the title Sa Ka Chyeng, had this pavilion erected and this bell hung."

This bell, whose dull heavy boom is heard in all parts of Seoul, has opened and closed the gates for five centuries.

The grand triple gateway of the Royal Palace with its double roof, the old audience hall in the Mulberry Gardens, and the decorative roofs of the gate towers, are all seen in an hour. There remains the Marble Pagoda, seven centuries old, so completely hidden away in the back yard of a house in one of the foulest and narrowest alleys of the city, that many people never see it at all. As I was intent on photographing some of the reliefs upon it, I visited it five times, and each time with fresh admiration; but so *wedged* in is it, that one can only get any kind of view of it by climbing on the top of a wall. Every part is carved, and the flat parts richly so, some of the tablets representing Hindu divinities, while others seem to portray the various stages

공원 조성 전 원각사지10층석탑 주변 민가
公園 造成 前 圓覺寺址十層石塔 周邊 民家
Private Houses Near the Ten-story Stone Pagoda
on the Wongaksa Temple Site Before the Park's Creation

『한국 스케치Korean Sketches』
제임스 스카트 게일James Scarth Gale | 1898년

백색 석탑은 빽빽이 들어선 주택으로
뒤에 완벽하게 가려져 있는데…
석탑 전체를 사진에 담으려면
근처의 담으로 기어 올라가야 할 것이다.

이사벨라 버드 비숍Isabella Bird Bishop, 『한국과 그 이웃나라들Korea And Her Neighbours』, 1898년

공원 조성 이전 원각사지10층석탑
公園 造成 以前 圓覺寺址十層石塔
Ten-story Stone Pagoda at Wongaksa Temple Site Before the Park's Creation

『조선 조용한 아침의 나라 : 한국 스케치 CHOSŎN, THE LAND OF THE MORNING CALM : A SKETCH OF KOREA』
퍼시벌 로웰Percival Lowell | 1886년

「코리아Korea」 | 앵거스 해밀턴Angus Hamilton | 1904년

공원 조성 이전 대원각사비
公園 造成 以前 大圓覺寺碑
Stele for the Construction of Daewongaksa Temple Prior to the Park's Creation

『코리아Korea』 | 앵거스 해밀턴Angus Hamilton | 1904년

『꼬레아 꼬레아니Corea e Coreani』 | 카를로 로세티Carlo Rossetti | 1904~1905년

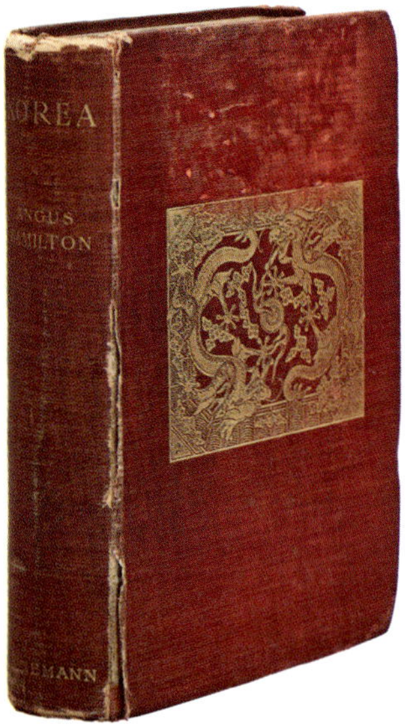

코리아

Korea

1904년 | 23×16.5×4.1

영국 출신 기자 앵거스 해밀턴Angus Hamilton(1874~1913)이 러일전쟁(1904) 발발 전 조선, 러시아, 일본을 여행하며 기록한 여행기이다. 한반도를 둘러싼 열강들의 세력 다툼과 조선의 각종 풍물, 제도, 문화를 기록하고 있다. 내용 중에는 탑골공원 조성에 주도적 역할을 했던 맥레비 브라운의 성품, 합리적인 업무처리 방식을 소개하면서 조선에서 세관으로 근무하면서 겪었던 사건들을 기록했다.

그(맥레비 브라운)는 모든 사람을 솔직하고 공명정대하게 대하지만 근무 시간 중에는 국가의 냉정하고 무감각한 기계가 된다.

앵거스 해밀턴Angus Hamilton, 『코리아Korea』, 1904년

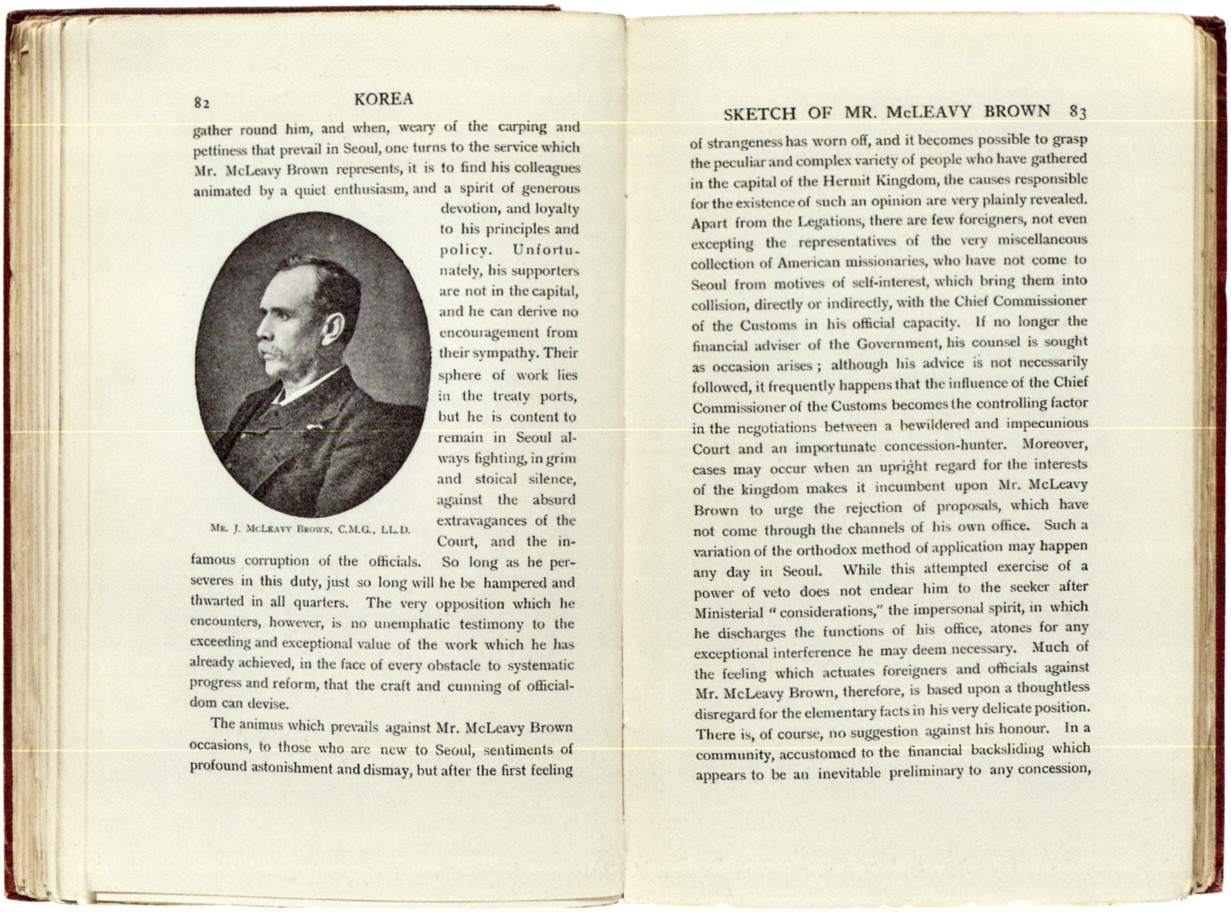

82 KOREA

gather round him, and when, weary of the carping and pettiness that prevail in Seoul, one turns to the service which Mr. McLeavy Brown represents, it is to find his colleagues animated by a quiet enthusiasm, and a spirit of generous devotion, and loyalty to his principles and policy. Unfortunately, his supporters are not in the capital, and he can derive no encouragement from their sympathy. Their sphere of work lies in the treaty ports, but he is content to remain in Seoul always fighting, in grim and stoical silence, against the absurd extravagances of the Court, and the infamous corruption of the officials. So long as he perseveres in this duty, just so long will he be hampered and thwarted in all quarters. The very opposition which he encounters, however, is no unemphatic testimony to the exceeding and exceptional value of the work which he has already achieved, in the face of every obstacle to systematic progress and reform, that the craft and cunning of officialdom can devise.

Mr. J. McLeavy Brown, C.M.G., LL.D.

The animus which prevails against Mr. McLeavy Brown occasions, to those who are new to Seoul, sentiments of profound astonishment and dismay, but after the first feeling

SKETCH OF MR. McLEAVY BROWN 83

of strangeness has worn off, and it becomes possible to grasp the peculiar and complex variety of people who have gathered in the capital of the Hermit Kingdom, the causes responsible for the existence of such an opinion are very plainly revealed. Apart from the Legations, there are few foreigners, not even excepting the representatives of the very miscellaneous collection of American missionaries, who have not come to Seoul from motives of self-interest, which bring them into collision, directly or indirectly, with the Chief Commissioner of the Customs in his official capacity. If no longer the financial adviser of the Government, his counsel is sought as occasion arises; although his advice is not necessarily followed, it frequently happens that the influence of the Chief Commissioner of the Customs becomes the controlling factor in the negotiations between a bewildered and impecunious Court and an importunate concession-hunter. Moreover, cases may occur when an upright regard for the interests of the kingdom makes it incumbent upon Mr. McLeavy Brown to urge the rejection of proposals, which have not come through the channels of his own office. Such a variation of the orthodox method of application may happen any day in Seoul. While this attempted exercise of a power of veto does not endear him to the seeker after Ministerial "considerations," the impersonal spirit, in which he discharges the functions of his office, atones for any exceptional interference he may deem necessary. Much of the feeling which actuates foreigners and officials against Mr. McLeavy Brown, therefore, is based upon a thoughtless disregard for the elementary facts in his very delicate position. There is, of course, no suggestion against his honour. In a community, accustomed to the financial backsliding which appears to be an inevitable preliminary to any concession,

맥레비 브라운
Mcleavy Brown
1903년
뉴캐슬대학교 거트루드 벨 아카이브
Gertrude Bell Archive, Newcastle University
-RTW vol5 031-

맥레비 브라운과 탑골공원 조성
Mcleavy Brown 及 塔골公園 造成
Mcleavy Brown and the Creation of Tapgol Park
1903년
뉴캐슬대학교 거트루드 벨 아카이브
Gertrude Bell Archive, Newcastle University
-RTW vol5 026-

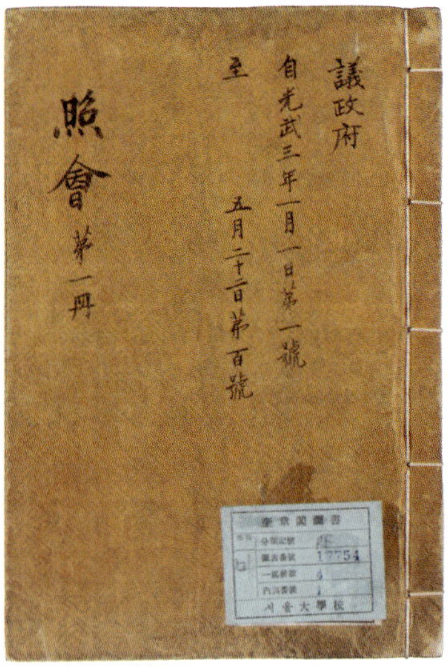

중서中署 탑골의 인가를 헐어 공원을 만든다는 말이 있는데,
인가를 훼철한다는 소식이 전해지면서
해당 주민들이 옮길 곳이 없어서 걱정이 많다.

『제국신문』 1899년 3월 14일 3면

조회

照會

Official documents of the Korean Empire

1899년 | 28.4×19 | 서울대학교 규장각한국학연구원

대한제국 시기 관청 사이에 업무 관련 내용을 확인하기 위해 발송한 공문이다. 본 조회는 탑골공원 조성을 위한 무분별한 민가 철거를 정지하라는 내용을 담고 있다.

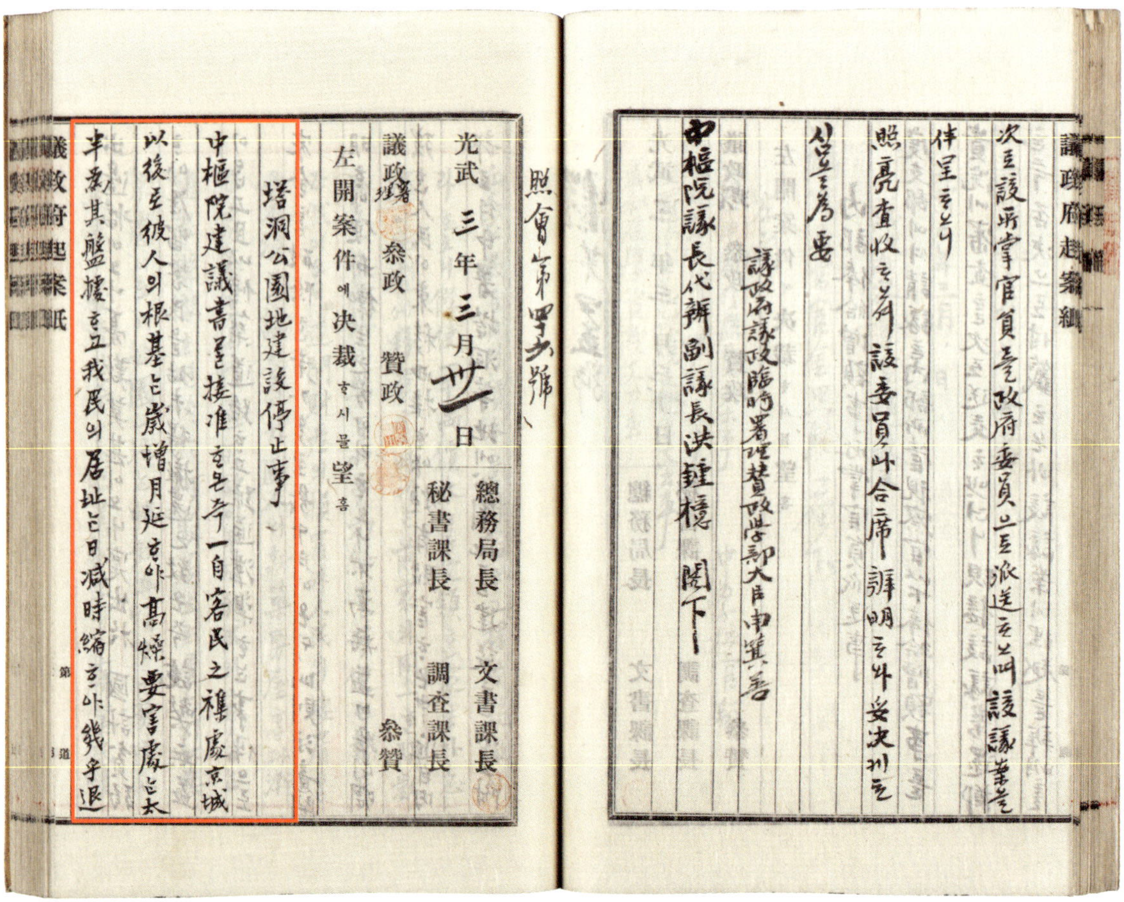

코리아 리뷰

The Korea Review

1901년 | 22×15.5×3.9

1900년대 초 조선에 거주하고 있었던 서양인들이
함께 구독하였던 월간 잡지이다.
기사는 대부분 조선에 거주하고 있던 서양인들이
작성하였는데 조선 생활 전반에 관한 내용을 다루고 있다.
기사 내용 중 탑골공원이 정비되어 가고 있는 모습을
묘사하고 있다.

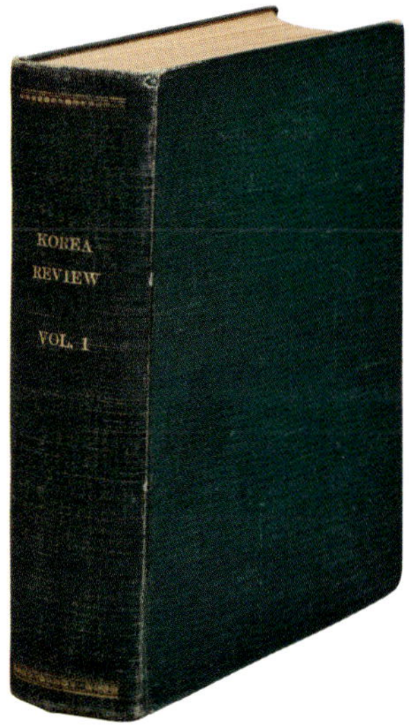

파고다 옆 시내 중심부의 공원에 대한 상당한 정도의 작업이 조용히 완료되었다.
주변은 정리되어 담장을 둘렀고, 북쪽과 남쪽 양측에는 근사한 대문을 짓고 있다.
우리는 임진왜란 때 일본인에 의해 끌어내려진 석탑 상층부 2개 층이
원래 자리에 조속히 복구되기를 바라는 바이다.

『코리아 리뷰The Korea Review』, 1901년

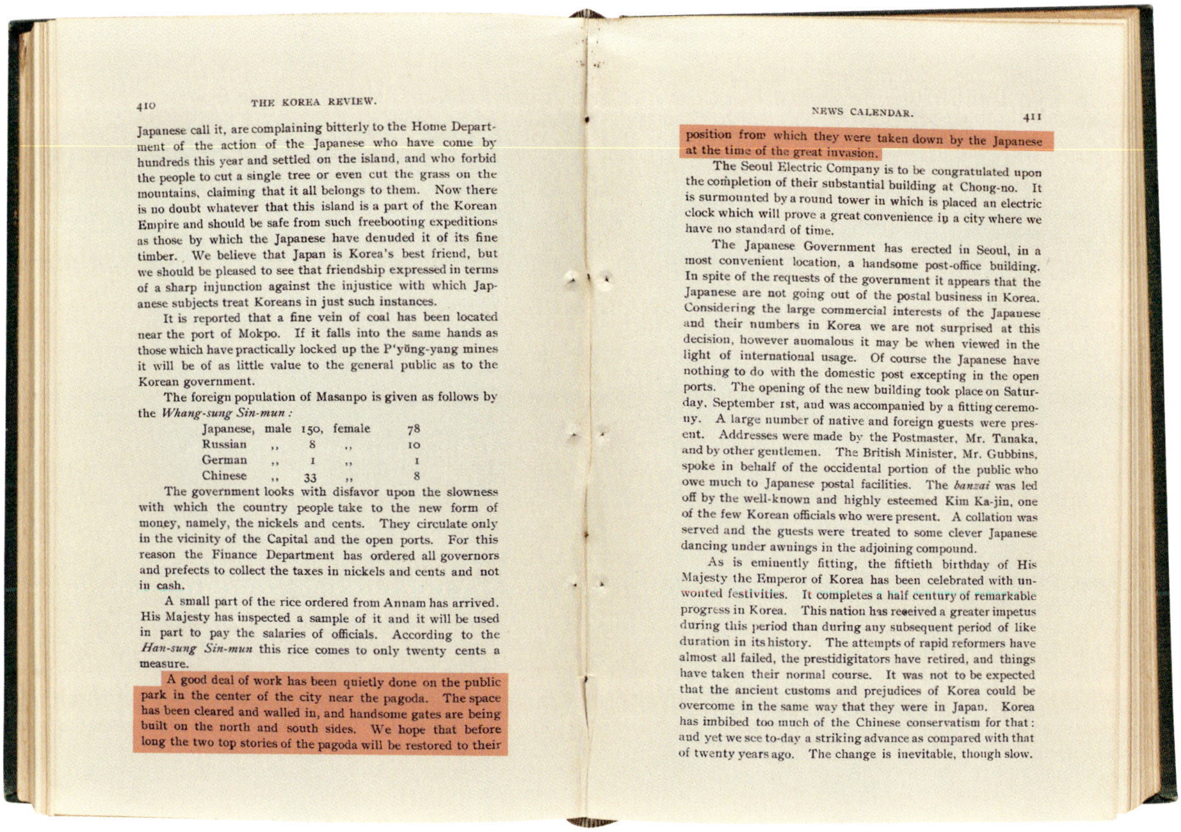

410 THE KOREA REVIEW.

Japanese call it, are complaining bitterly to the Home Department of the action of the Japanese who have come by hundreds this year and settled on the island, and who forbid the people to cut a single tree or even cut the grass on the mountains, claiming that it all belongs to them. Now there is no doubt whatever that this island is a part of the Korean Empire and should be safe from such freebooting expeditions as those by which the Japanese have denuded it of its fine timber. We believe that Japan is Korea's best friend, but we should be pleased to see that friendship expressed in terms of a sharp injunction against the injustice with which Japanese subjects treat Koreans in just such instances.

It is reported that a fine vein of coal has been located near the port of Mokpo. If it falls into the same hands as those which have practically locked up the P'yŭng-yang mines it will be of as little value to the general public as to the Korean government.

The foreign population of Masanpo is given as follows by the *Whang-sung Sin-mun*:

Japanese,	male	150,	female	78
Russian	,,	8	,,	10
German	,,	1	,,	1
Chinese	,,	33	,,	8

The government looks with disfavor upon the slowness with which the country people take to the new form of money, namely, the nickels and cents. They circulate only in the vicinity of the Capital and the open ports. For this reason the Finance Department has ordered all governors and prefects to collect the taxes in nickels and cents and not in cash.

A small part of the rice ordered from Annam has arrived. His Majesty has inspected a sample of it and it will be used in part to pay the salaries of officials. According to the *Han-sung Sin-mun* this rice comes to only twenty cents a measure.

A good deal of work has been quietly done on the public park in the center of the city near the pagoda. The space has been cleared and walled in, and handsome gates are being built on the north and south sides. We hope that before long the two top stories of the pagoda will be restored to their

NEWS CALENDAR. 411

position from which they were taken down by the Japanese at the time of the great invasion.

The Seoul Electric Company is to be congratulated upon the completion of their substantial building at Chong-no. It is surmounted by a round tower in which is placed an electric clock which will prove a great convenience in a city where we have no standard of time.

The Japanese Government has erected in Seoul, in a most convenient location, a handsome post-office building. In spite of the requests of the government it appears that the Japanese are not going out of the postal business in Korea. Considering the large commercial interests of the Japanese and their numbers in Korea we are not surprised at this decision, however anomalous it may be when viewed in the light of international usage. Of course the Japanese have nothing to do with the domestic post excepting in the open ports. The opening of the new building took place on Saturday, September 1st, and was accompanied by a fitting ceremony. A large number of native and foreign guests were present. Addresses were made by the Postmaster, Mr. Tanaka, and by other gentlemen. The British Minister, Mr. Gubbins, spoke in behalf of the occidental portion of the public who owe much to Japanese postal facilities. The *banzai* was led off by the well-known and highly esteemed Kim Ka-jin, one of the few Korean officials who were present. A collation was served and the guests were treated to some clever Japanese dancing under awnings in the adjoining compound.

As is eminently fitting, the fiftieth birthday of His Majesty the Emperor of Korea has been celebrated with unwonted festivities. It completes a half century of remarkable progress in Korea. This nation has received a greater impetus during this period than during any subsequent period of like duration in its history. The attempts of rapid reformers have almost all failed, the prestidigitators have retired, and things have taken their normal course. It was not to be expected that the ancient customs and prejudices of Korea could be overcome in the same way that they were in Japan. Korea has imbibed too much of the Chinese conservatism for that: and yet we see to-day a striking advance as compared with that of twenty years ago. The change is inevitable, though slow.

파고다공원 문책설계도

パゴダ公園 門柵設計圖

Blueprint of Pagoda Park Fence and Gates

1910년 이후 | 국가기록원

이때 세워진 정문은 1967년까지 제자리에 남아 있다가 서울대학교 법과대학 교문 기둥을 거쳐 현재는 서울대학교 사범대학 부설초등학교 교문으로 일부 남아 있다.

탑골공원 정문

塔골公園 正門

Main Gate of Tapgol Park

『동아일보』 1926년 6월 12일 5면

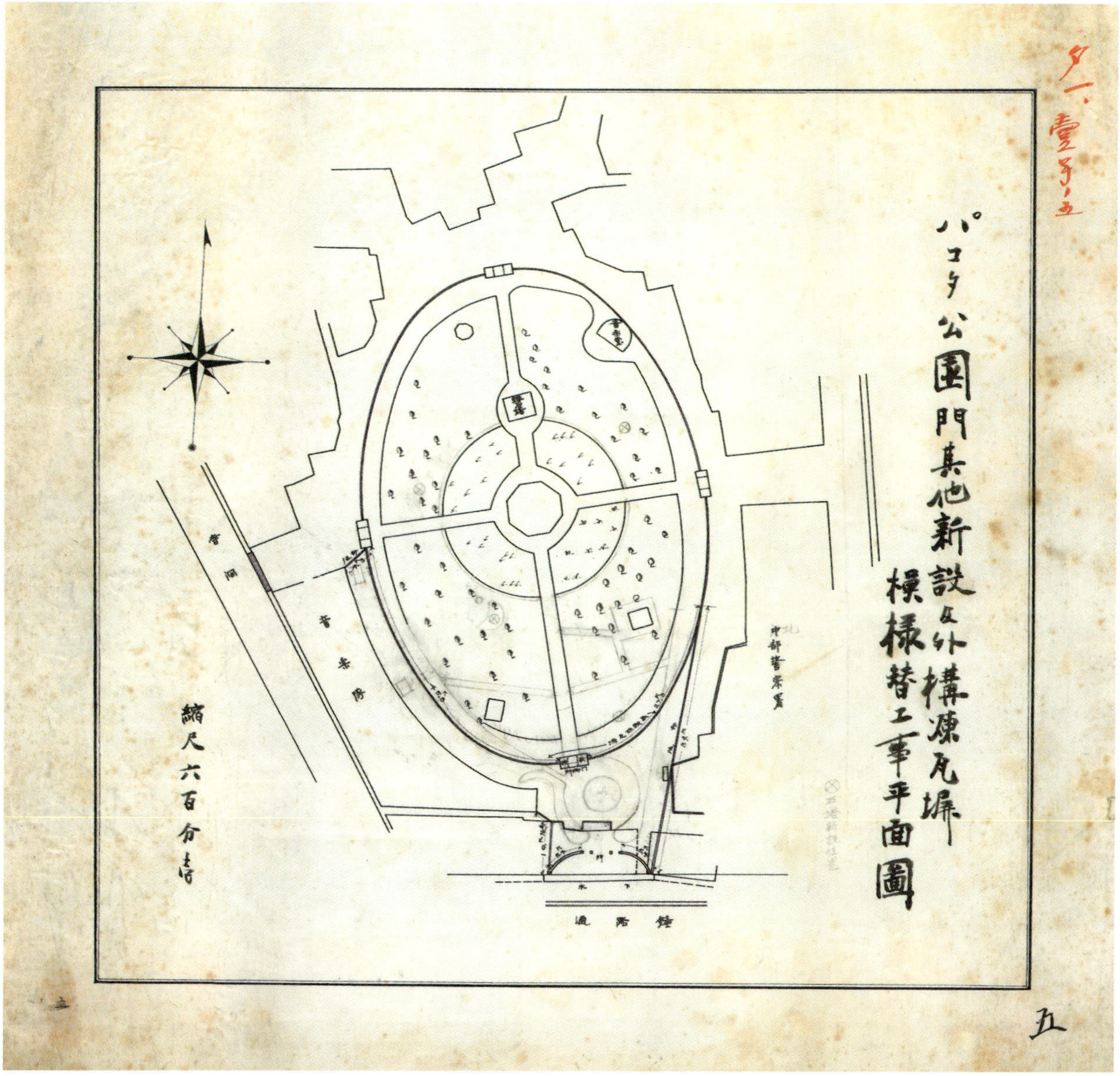

파고다공원문 기타 신설 설계 구연와병 모양체공사평면도

パゴダ公園門 其他 新設 設計 構煉瓦塀 模樣替工事平面圖

Floor Plan of Pagoda Park Gate and Other Newly Built Brick and Tile Structures

1910년대 | 국가기록원

일제강점기 직전 탑골공원 형태를 확인할 수 있는 도면으로
오른쪽 하단에 중부경찰서中部警察署가 표시되어 있다.
중부경찰서는 1910년 일본이 대한제국의 경찰권을 장악하면서
북부경찰서로 변경하였다.

공원 정비와 시설 도입

대한제국 정부는 탑골공원이 도시공원으로서 면모를 갖추기 위한 시설을 정비하였다. 1900년에 창설한 대한제국 군악대軍樂隊가 탑골공원 서쪽으로 옮겨오는데, 군악대 연주 공간으로 사용하기 위해 팔각정을 건립하였다. 팔각정은 음향시설이 미비하여 연주 공간으로 적절하지 않았다. 이에 1904년 탑골공원 동북쪽 담장 근처에 바가지형(瓠子式) 목재 음악당을 신축하였다. 이후 1916년 새로운 음악당을 건립하면서 바가지형 음악당은 사라졌다. 음악 시설과 함께 기존 시설물도 정비하였다. 10층석탑 주변에 돌난간을 설치하였고, 대원각사비 역시 석재를 활용하여 바닥을 평평하게 정비하였다. 방문객을 위한 각종 편의시설도 설치하였는데, 일본식 정자(사아옥四阿屋)와 화초 관리를 위한 유리온실, 공중변소와 석등을 설치하여 휴게 시설로서 기능을 강화하였다.

The Korean Empire government reorganized facilities for Tapgol Park to become an urban park. Established in 1900, the Military Band of Korean Empire was brought over to the west side of Tapgol Park, and the Octagonal Pavilion (Palgakjeong) was built as a stage for the band. However, the pavilion was not suitable as a performance venue due to its poor acoustics. As a result, a wooden bowl-shaped music hall was built near the northeast wall of Tapgol Park in 1904. The bowl-shaped music hall was later removed when another new music hall was constructed in 1916. The government also remodeled the existing structures. A stone railing was built around the pagoda, and stones were used to level out the ground around the stele for the construction of Daewongaksa temple. The government built a number of amenities for visitors and sought to enhance the park's function as a resting place by adding a Japanese-style garden house (square gazebo), a glass greenhouse for looking after the flowers, stone lanterns, and public toilets.

Park Maintenance and the Installation of Facilities

각부군내첩
各府郡來牒
Compilation of Documents from Local Governments

1902년 | 26×18 | 서울대학교 규장각한국학연구원

1895년(고종 32)에서 1907년(융희 1)까지 중앙, 지방의 각 기관이나 민간단체에서 내장원內藏院으로 보낸 문서를 모은 것이다. 문서 중에 팔각정 건립에 필요한 강화석을 요청한 공문이 포함되어 있다.

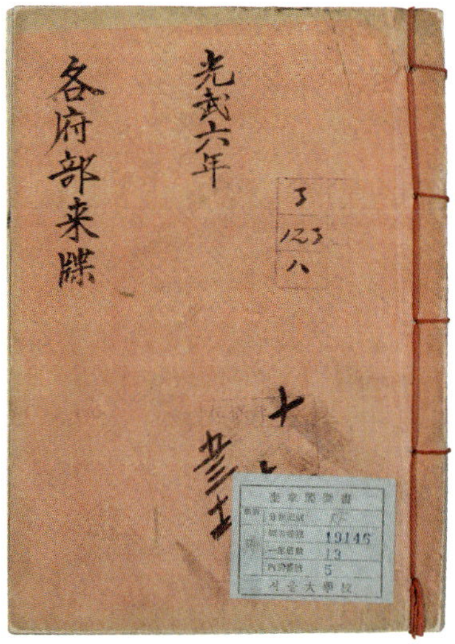

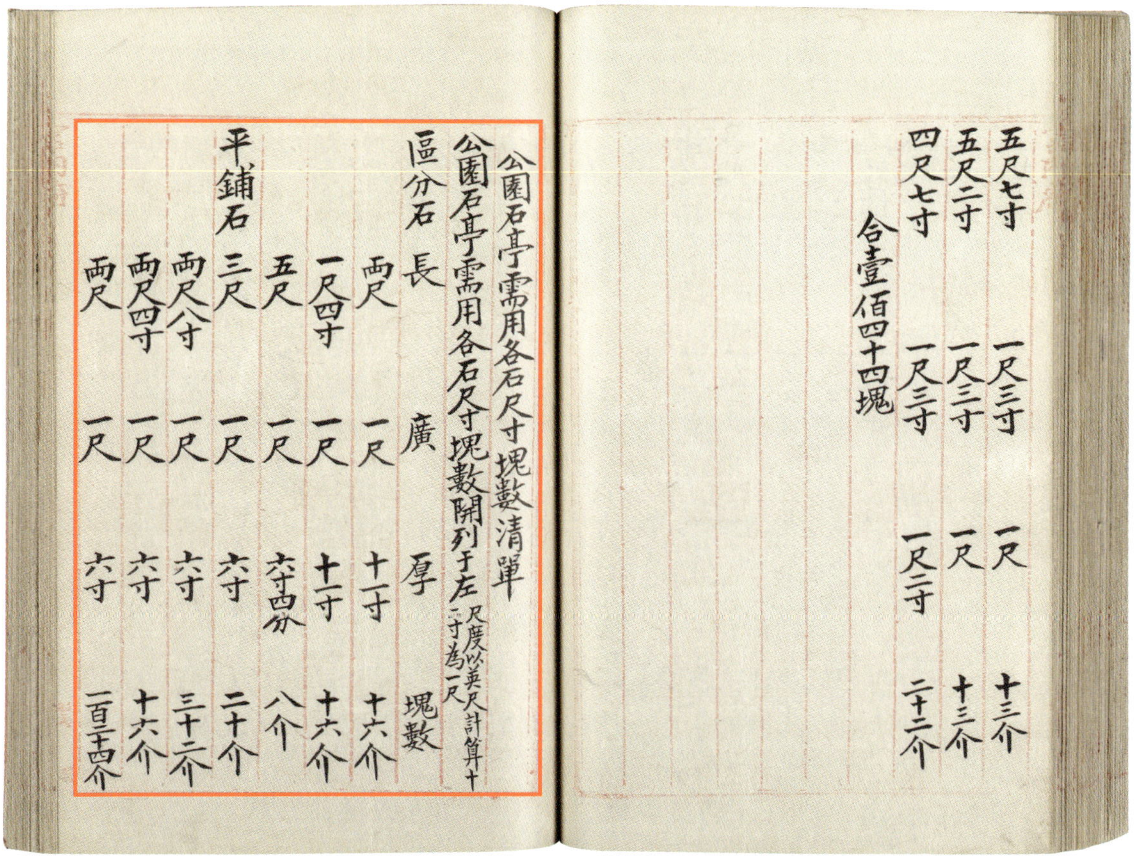

팔각정 건립 전 탑골공원
八角亭 建立 前 塔골公園
Tapgol Park Prior to the Construction of the Octagonal Pavilion
『조선에서EN CORÉE』 | 에밀 부르다레Émile Bourdaret | 1904년

팔각정 건립 중인 탑골공원(1903년 가을)
八角亭 建立 中 塔골公園
Tapgol Park During the Construction of the Octagonal Pavilion (Autumn 1903)
『코레야 1903년 가을』
바츨라프 세로셰프스키
Wacław Kajetan Sieroszewski
김진영 외 역

팔각정 건립 후 탑골공원
八角亭 建立 後 塔골公園
Tapgol Park After the Construction of the Octagonal Pavilion
일제강점기

석재로 정비된 10층석탑 울타리

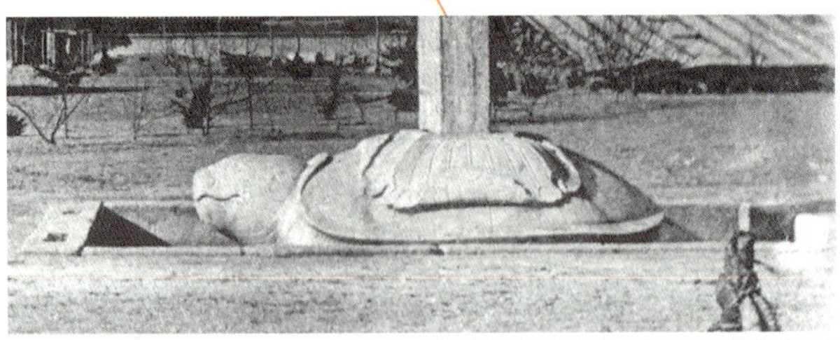

석재로 정비된 대원각사비 바닥

탑골공원 바가지형 음악당
塔골公園 瓢子式 音樂堂
The Bowl-shaped Music Hall in Tapgol Park
『조선실업시찰단朝鮮實業視察團』 | 1911년

탑골공원 일본식 정자
塔골公園 日本式 亭子
The Japanese-Style Gazebo in Tapgol Park
1930년대

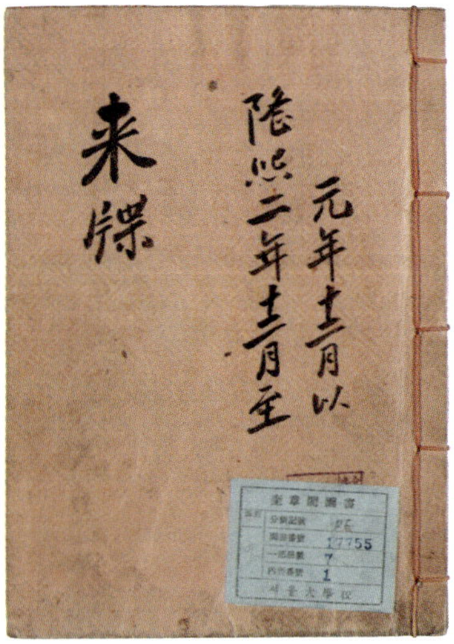

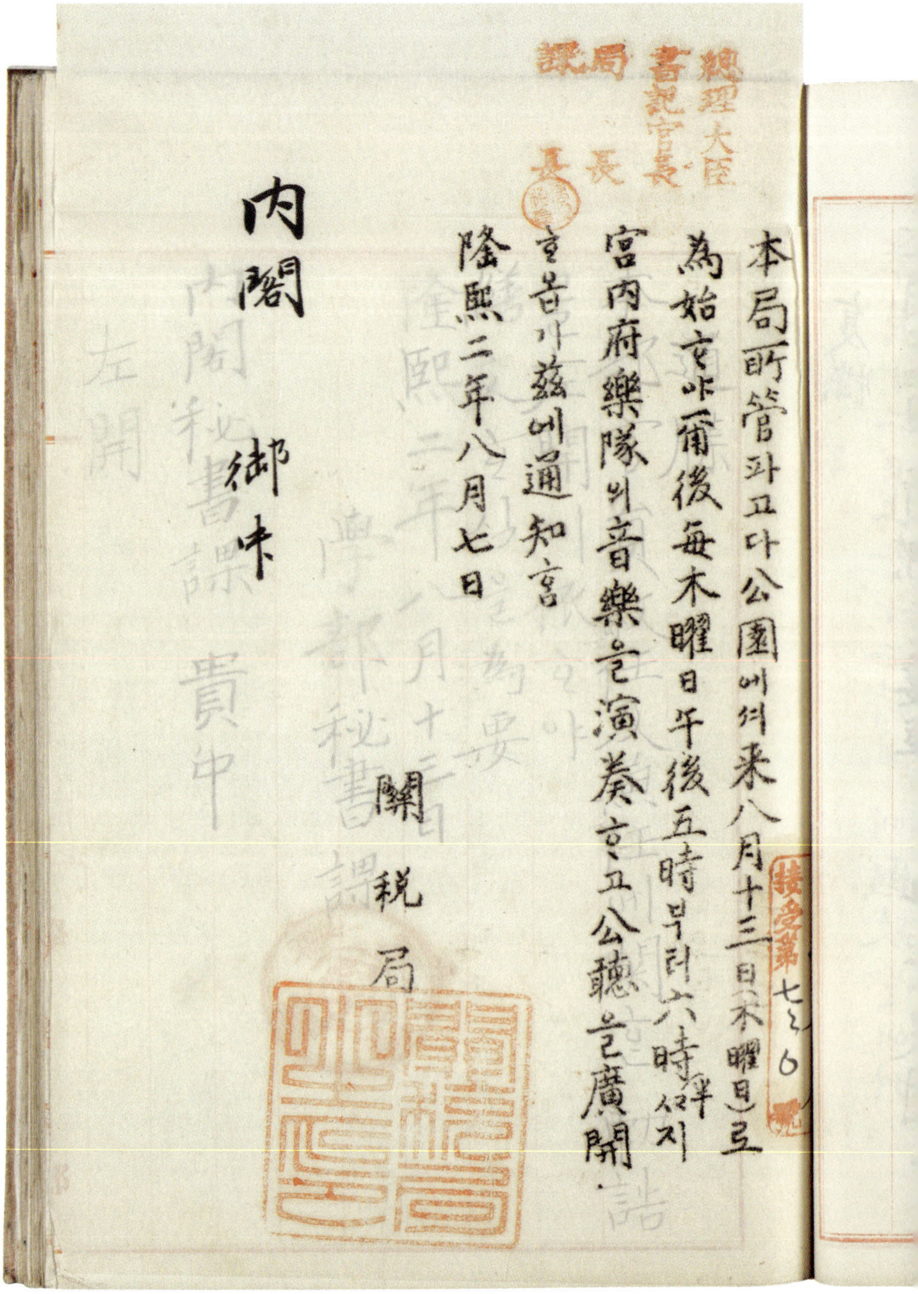

내각왕복문
內閣往復文
Documents of the Korean Empire Cabinet
1908년 | 25.8×18
서울대학교 규장각한국학연구원

대한제국 말 내각內閣에서 접수한 통첩通牒과 조회照會 등 각종 문서를 모은 것이다. 군악대의 탑골공원 연주회 개최를 알리는 공문이 있다.

훈삼등태극문훈장

勳三等太極紋勳章

The 3rd Class Order of the Taegeuk

대한제국기 | 펜던트 길이 8.5, 너비 5.6

프란츠 에케르트Franz Eckert(1852~1916)는 대한제국 군악대 초대 군악대장으로 초빙된 독일인 음악가이다. 에케르트는 군악대의 발전과 대한제국 애국가 작곡 등의 공로를 인정받아 태극 3등급 훈장을 받았다.

대한제국 애국가 악보

大韓帝國 愛國歌 樂譜

Score to the Korean Empire's National Anthem

1902년 이후 | 30.5×23.5×0.2 | 대한민국역사박물관

프란츠 에케르트가 작곡, 민영환閔泳煥(1861~1905)이 작사한 대한제국 애국가 악보이다. 자주독립국가, 황제에 대한 충성심, 애국심 등을 고취시키기 위한 목적으로 만들었다.

"하느님 우리 황제를 보호하소서.
사구砂丘에 높이 쌓인 해안의 모래처럼 헤아릴 수 없이 만세소서.
멀리 온 세계에 명예가 빛나며 뻗치소서.
그리고 황실의 행복이 천세 만세토록 매일 새로이 꽃피소서.
하느님 우리 황제를 보호하소서."

스테레오 뷰 - 서울의 주요 거리를 지나는 황실 관료
Stereo View - Korean Imperial Officials Passing Through the Main Streets of Seoul

1904년 | 8.9×17.8×0.1

황제의 기사단장이 말을 타고 한양 중심가를 지나는 모습을 찍은 사진이다.
기사단장 앞으로 군악대가 보이고 뒤쪽으로 관료들이 뒤따르고 있다.

광무10년(1906) 기념연주회 후 팔각정에서 대한제국 군악대
The Military Band of the Korean Empire at Octagonal Pavilion After a Commemorative Performance of the Korean Empire's 10th Anniversary (1906)

『동명東明』 14호 | 1922년 | 국립중앙도서관

파고다공원 석탑 신설 배치도

パゴダ公園 石塔 新設 配置圖

New Layout of the Ten-story Stone Pagoda in Pagoda Park

1910년 이후 | 국가기록원

탑골공원에 종교적 석탑을 화단 점경물로 배치하면서 작성한 도면이다.
공원 조성 이후 도시공원으로서 기본적인 휴게 시설을 갖춘 탑골공원의 모습을 확인할 수 있다.

*참조 김해경 외, 「설계도서를 중심으로 본 1910년대 탑골공원의 성립과정」, 『한국전통조경학회지』31, 한국전통조경학회, 2013.

경성의 도시공원, 탑골공원

일제강점기 이전까지 탑골공원에는 일반인이 입장할 수 없었다. 경성 최초의 도시공원이라는 수식어와 맞지 않게 제한적인 공간으로 남아 있었다. 일제강점기가 되면서 탑골공원은 조선총독부에서 관리·운영하였다. 총독부는 탑골공원이 도시공원으로서 기능을 갖추도록 근대적 요소를 도입하여 운영하였다. 적벽돌로 담장을 축조하고, 벤치·화단·전등·온실 등 공원 관련 시설을 설치하였으며, 야간 프로그램을 운영하여 경성의 대표적인 도시공원으로 만들고자 하였다. 그 이면에는 도시풍의 오락을 권장하면서 기존 조선의 전통 여가 문화를 말살하기 위한 의도가 숨겨져 있었다. 3.1운동 이후 일제는 탑골공원이 민족정신을 상징하는 대표적인 장소라고 여기면서 경계하였고, 관리도 소홀히 하였다. 1930년대가 되면서 탑골공원은 도시공원으로서 지위를 점차 회복하였다. 초파일, 음악회 등 주요 행사가 열리기도 하였지만 일본 제국주의와 관련한 강연회, 위령제 등 황국신민 정신을 강요하는 창구로도 활용하였다.

Prior to the Japanese colonial period, ordinary citizens were not allowed to enter Tapgol Park. Contrary to its image as the first urban park in Gyeongseong (former name of Seoul under the Japanese occupation), Tapgol Park remained a restricted area for many years. The park came under the control of the Japanese Government-General of Korea in the Japanese colonial period. The Japanese Government-General added modern features to equip Tapgol Park with the functions of an urban park. A red brick wall was built, and new facilities including benches, flowerbeds, electric lights and greenhouses were installed. The Japanese Government-General also sought to turn Tapgol Park into Gyeongseong's representative urban park by running a night program. However, the promotion of those urban entertainment was tainted with a hidden intention to eradicate Korean traditional leisure culture. After the March First Movement, the Japanese colonizers viewed Tapgol Park with suspicion as a symbol of Korea's national spirit and neglected to look after it properly. In the 1930s, Tapgol Park gradually started to regain its status as an urban park. Major events such as Buddha's Birthday and concerts were held here, but the park was used as a venue for coercing Koreans into serving as loyal Japanese subjects through lectures and memorial services related to Japanese imperialism.

Tapgol Park as an Urban Park in Gyeongseong

공원에서 누리는 근대문화

탑골공원에서는 경성사람들이 근대문화를 쉽게 접할 수 있었다. 경성 도시공원 중 최초로 끽다점喫茶店이라고 하는 근대 상업시설이 '카페 파고다(塔茶園)'라는 이름으로 들어섰다. 새롭게 건립한 음악당에서는 음악 연주회를 정기적으로 개최하였다. 특히 대한제국 군악대에서 이어진 경성악대가 연주했던 납량 음악회는 약 5천 명이 모일 정도로 인기 있었다. 1920년대에 들어 조선에서도 라디오 방송을 시작하였다. 시험방송을 위해 탑골공원에 스피커를 설치하였는데 무료로 들을 수 있다는 소문이 퍼지면서 많은 사람들이 모였다. 1930년대에는 공원에 라디오탑을 설치하여 라디오 체조, 영화 상영회 등을 개최하였으나 내면에는 중일전쟁 발발로 국민정신총동원國民精神總動員을 촉진하고자 하는 목적이 컸다.

Gyeongseong citizens could easily come across modern culture in Tapgol Park. Tapgol Park was the first urban park to house a modern commercial facility such as a teahouse named "Cafe Pagoda." Concerts were regularly held in the newly built music hall. In particular, the "summer public concert" performed by the Gyeongseong Band, a successor to the Military Band of the Korean Empire, was so popular that they drew almost 5,000 audiences. The 1920s saw the advent of radio broadcasting in Korea. Speakers were installed in Tapgol Park for a test broadcast, and crowds gathered when words spread that people could listen for free. A radio tower was built in the park in the 1930s, and radio calisthenics, film screenings and other events were held. However, this was largely driven by a motivation to drum up support for the nationwide mobilization of citizens after the public backlash against the Sino-Japanese War(1937).

Enjoying Modern Culture in Tapgol Park

끽다점

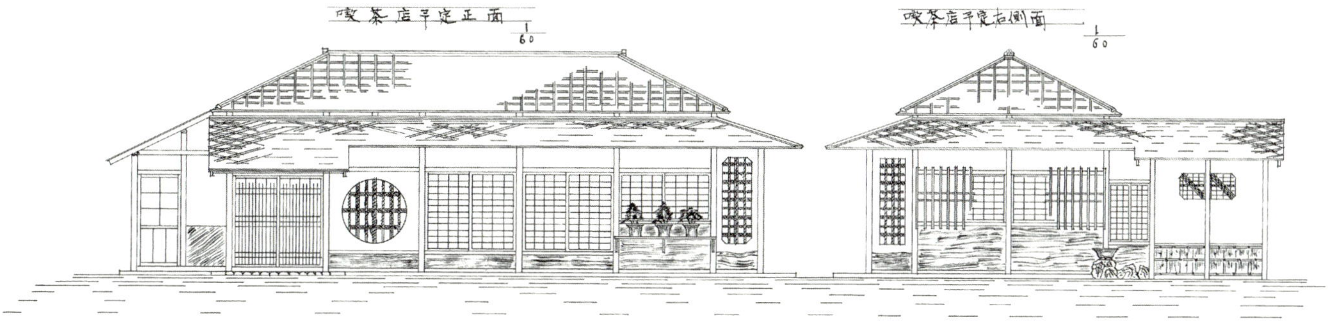

탑동공원 끽다점 예정계획도
塔洞公園 喫茶店 豫定計劃圖
Planned Design of Teahouse in Tapdong Park
1910년 이후 | 국가기록원

탑골공원 내 카페 파고다
塔골公園 內 塔茶園
Cafe Pagoda in Tapgol Park
『매일신보』 1914년 6월 7일 | 국립중앙도서관

음악당

용산 음악당
龍山 音樂堂
Yongsan Music Hall
대한제국기 | 9×14

기존 탑골공원의 바가지형 음악당을 철거하고 1916년 용산군주차군사령부龍山駐箚軍司令部에 있던 가제보gazebo형 음악당을 이설移設하여 새롭게 건립하였는데, 이설하기 전 음악당 모습이다.

파고다공원 음악당 이축설계도
パゴダ公園 音樂堂 移築設計圖
Plan to Relocate the Music Hall in Pagoda Park
1910년 이후 | 국가기록원

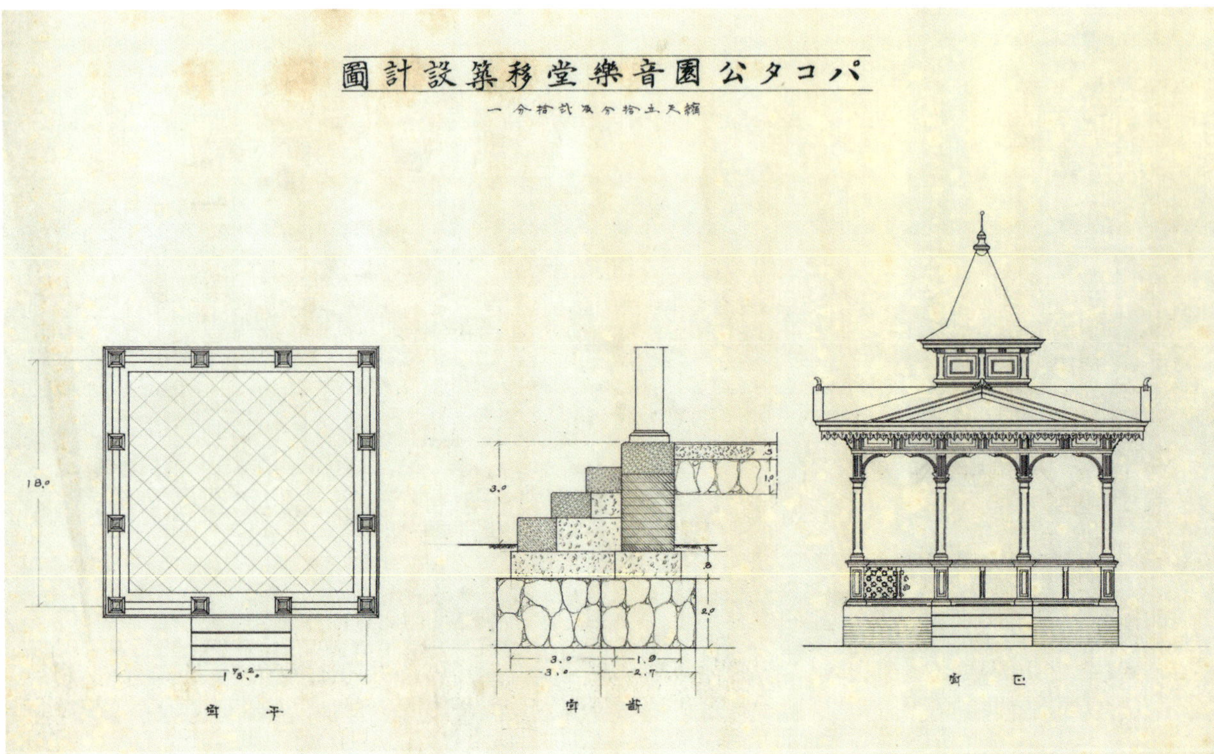

10층석탑 옆 음악당
十層石塔 側 音樂堂
The Music Hall Next to the Ten-story Stone Pagoda
1916~1938년 | 8.9×13.9

용산에 있던 가제보형 음악당이 탑골공원으로 옮겨진 것을 확인할 수 있다.

탑골공원에서 열린 시민 납량 음악회
塔골公園 市民 納涼 音樂會
A Summer Public Concert Held in Tapgol Park
『조선일보』 1926년 8월 15일

조선유람가

朝鮮遊覽歌

Joseon Sightseeing Songs

1947년 | 18×10.3×0.3

백우용白禹鏞(1883~1930)이 작곡한
조선유람가 악보이다.
백우용은 대한제국 군악대에서 활동하면서
에케르트에게 서양 음악을 배웠다.
대한제국 군악대 해산 후 이왕직양악대를 거쳐
민간인 중심의 경성악대를 조직하였다.

경성방송국 사진엽서
京城放送局 寫眞葉書
Gyeongseong Broadcast Station Postcard
일제강점기 | 9.1×13.9

우리나라 최초의 방송국인 경성방송국이다. 경성방송국은 서울 정동 1번지에 있었다.
개국 초기에는 일본어 방송 위주였으나 후에 일본어, 조선어 방송을 분리한 이중방송을 실시하였다.

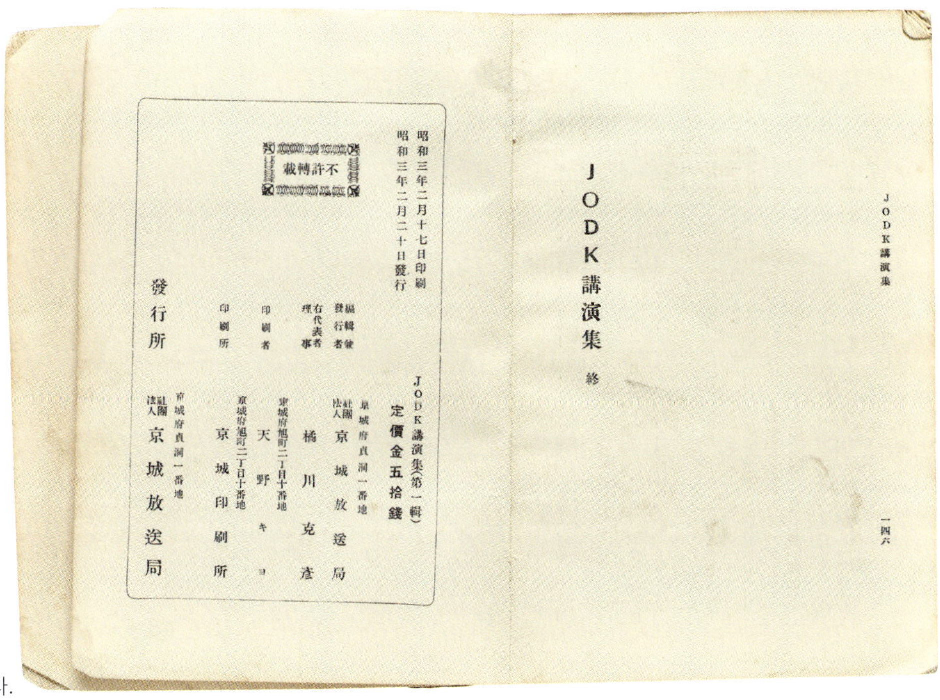
JODK講演集

JODK講演集 終

一四六

昭和三年二月十七日印刷
昭和三年二月二十日發行

不許轉載

JODK講演集(第一輯)
定價金五拾錢

編輯兼發行者 京城府貞洞一番地 社團法人 京城放送局
右代表者理事 橋川克彥
印刷者 京城府旭町二丁目十番地 天野キヨ
印刷所 京城府旭町二丁目十番地 京城印刷所
發行所 京城府貞洞一番地 社團法人 京城放送局

JODK강연집 제1집
JODK 講演集 第1集
JODK (Gyeongseong Broadcast Station) Lectures Collection Volume 1
1928년 | 18.2×12.5×1.1

경성방송국에서 편찬한
강연 모음 제1집이다.
당시 실업가, 조선총독부 국장,
교수 등의 강연이 수록되어 있다.

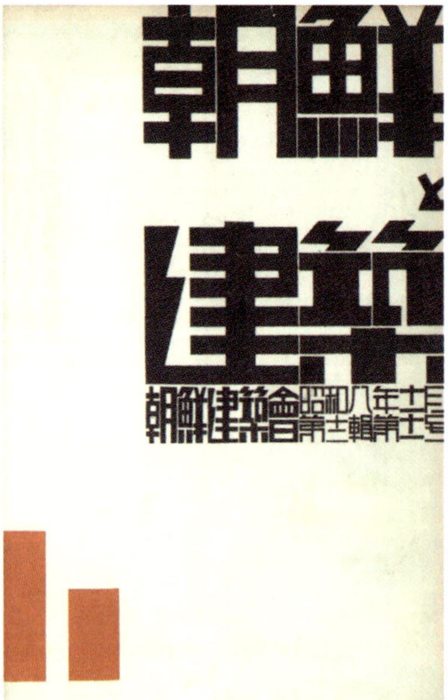

조선과 건축
朝鮮と建築
Joseon and Architecture
조선건축회 | 1933년 | 국립중앙도서관

탑골공원 라디오탑
塔골公園 Radio塔
Tapgol Park Radio Tower

탑골공원 라디오탑 평면도
塔골公園 Radio塔 平面圖
Floor Plan of Tapgol Park Radio Tower

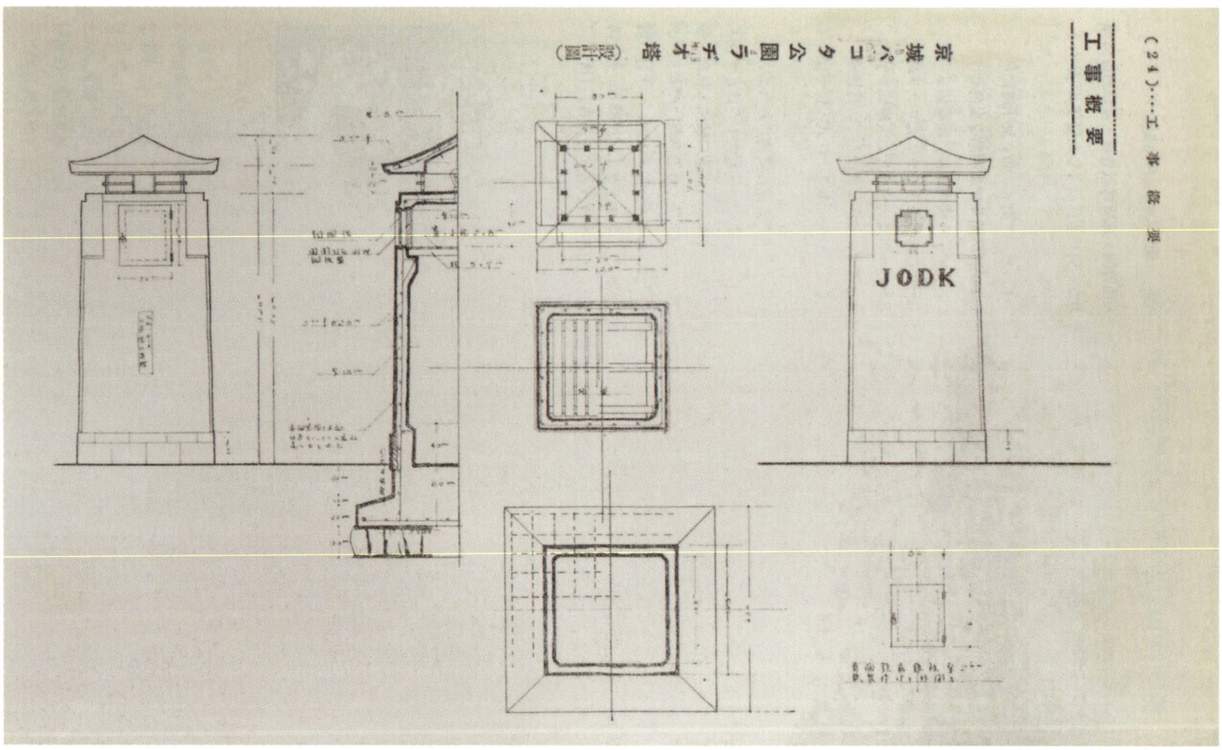

탑골공원에서 라디오를 듣는 군중들
塔골公園 Radio 聽取 群衆
Crowds Listening to the Radio in Tapgol Park
「조선일보」 1926년 7월 24일

탑골공원 라디오탑
塔골公園 Radio塔
Tapgol Park Radio Tower
「서울명소고적名所古跡」 | 김영상 | 1958년 | 서울역사편찬원

3.1운동의 시작점

탑골공원은 3.1운동이 시작된 역사적인 장소이다. 민족대표 33인은 고종의 인산因山에 맞춰 탑골공원 인근에 위치한 태화관에서 독립을 선언하였다. 같은 시각, 탑골공원 팔각정에서 학생들의 독립선언서 낭독과 함께 만세운동이 시작되었다. 일제는 군대를 동원하여 진압 후 탑골공원을 일시적으로 폐쇄하였으며, 이후에도 의도적으로 탑골공원을 방치하였다. 1926년 순종 황제의 인산에 맞춰 6.10 만세운동이 일어나자, 3.1운동의 진원지였던 탑골공원에는 무장한 군대를 배치하기도 하였다. 탑골공원은 관리가 제대로 이루어지지 않아 황폐화되었으며, 1927년에는 폐쇄설이 돌기도 하였지만 여전히 민족운동의 상징적인 장소로 각인되었다.

Tapgol Park is a historic site where the March First Movement(1919) was initiated. On the occasion of Emperor Gojong's funeral, 33 Korean representatives proclaimed independence at Taehwagwan restaurant near Tapgol Park. At the same time, the *mansae* independence demonstration began when a group of students recited the Declaration of Independence in Tapgol Park's Octagonal Pavilion. Tapgol Park was temporarily closed after the Japanese brought the military to suppress this movement, and the colonizers later intentionally left the park in a state of neglect. When the June 10th Movement was triggered by the funeral of Emperor Sunjong in 1926, armed soldiers were even deployed in Tapgol Park due to its history as the epicenter of the March First Movement. Tapgol Park fell into a desolate state due to the lack of proper management, but although rumors about the closure of the park circulated in 1927, it remained firmly as a symbolic site of the Korean independence movement among Gyengseong Citizen.

The Starting Point of the March First Movement

고종장례 사진엽서

故李太王殿下御葬儀光景繪葉書

Postcard of Emperor Gojong's Funeral

1919년 | 9×14

3.1운동은 원래 고종의 장례일인 3월 3일에 시행할 계획이었으나 장례 당일을 택하는 것은 고종에 대한 불경이라는 천도교 측 의견과 2일은 안식일이라 피하자는 기독교 측의 의견을 받아들여 3월 1일에 실행하였다.

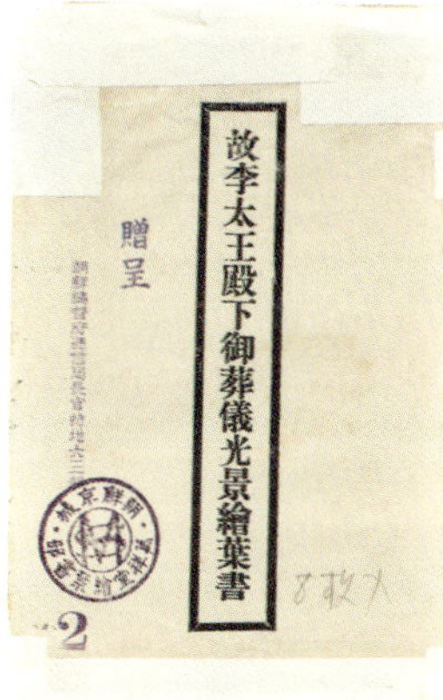

경성고등보통학교 제7회 졸업앨범
京城高等普通學校 第七回 卒業生記念帖
Yearbook of 7th Graduating Class
at Gyeongseong High School

1917년 | 21×30.7×1.4

탑골공원 팔각정에서 촬영한
경성고등보통학교 학생들의 모습이다.
경성고등보통학교 학생들은 3.1운동에
적극적으로 참여하였다.

3.1독립선언서

三一獨立宣言書

The March First Declaration of Independence

1919년 | 21.2×43.8

독립선언서는 최남선崔南善(1890~1957)이 기초하였으며, 민족대표 33인이 작성하였다.
조선의 독립을 선언할 뿐만 아니라 세계 인권과 평등을 이야기하고 있다.
독립선언서는 만세운동이 전국적으로 확산되는데 큰 역할을 하였다.

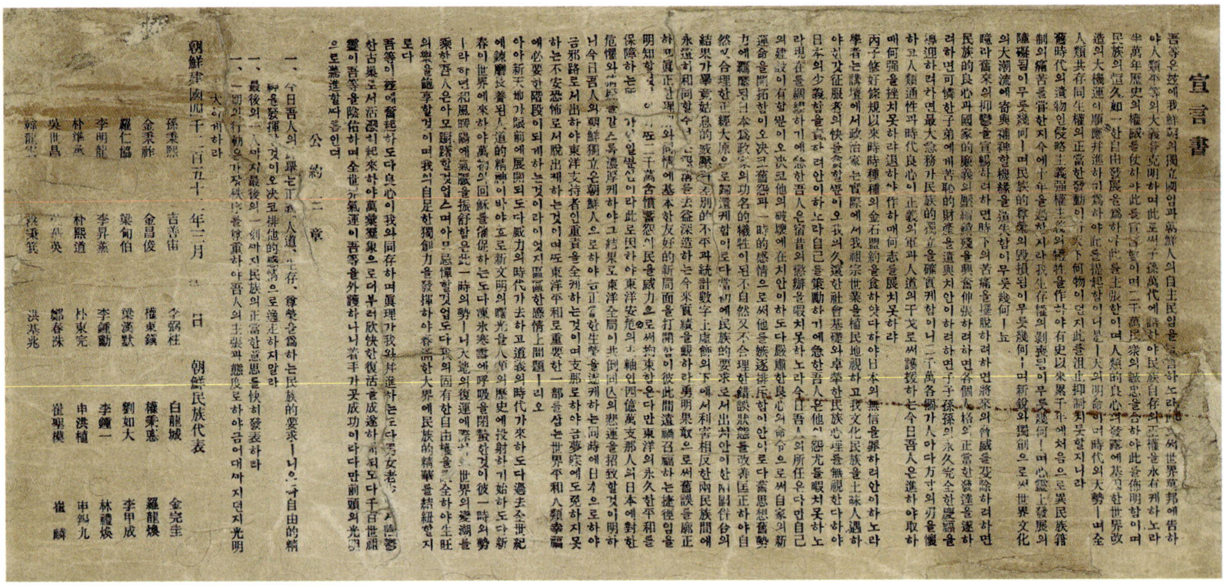

봄을 맞는 이 공원… 아 3월을 맞는 팔각정… 팔각정아 기억하겠느냐?
그때의 그 일을?… 그때가 벌서 5년이구려.
우리들이 그대의 품에서 크게 소리치며 벅적거리든 때가.

「봄을 맞는 탑동공원」, 『개벽』 33호, 1923년

동아일보

今日이大公判

大公判과

十四戶村

同情美談

假出獄中押送

孫秉熙는缺席

高敬相氏拘禁

十日에晴天

瓦斯는復舊

漢江의減水

京城公會堂의落成式

3.1운동을 주도한 민족대표 48인

三一運動 主導 民族代表 四十八人

The 48 Korean Representatives Who Led the March First Movement

『동아일보』 1920년 7월 12일

민족대표 48인의 사진으로, 당시 일본 법정에서는 민족대표 33인 외에
3.1운동의 계획과 조직에 가담한 인물을 포함한 48인을 핵심인물로 보고 있다.

3.1운동 후 탑골공원 정문에서 경계를 서고 있는 일본 군대
Japanese Soldiers Standing Guard at the Main Gate of Tapgol Park after the March First Movement
『한국의 사정The Case of Korea』 | 정한경鄭翰景 | 1921년

폐지된다는 탑골공원
Tapgol Park to be Closed
『시대일보』 1926년 5월 7일

의암 손병희 선생 전기

義菴 孫秉熙 先生 傳記

Biography of Independence Activist Son Byeong-hui

1967년 | 21×15×3.3

의암 손병희 선생의 뜻을 기리기 위해 출판하였다.
손병희 선생은 천도교 지도자이자 3.1운동을 주도한 독립운동가로
독립선언서를 출판한 보성사를 창립하였고, 교육·문화 사업에 힘썼다.
독립선언서를 낭독한 후 경찰에 체포되어 3년 형을 선고받았고,
서대문형무소에서 복역하다 출소 후 이듬해 사망하였다.

탑골공원에 건립한 손병희 선생 동상

A Statue of Son Byeong-hui Built in Tapgol Park

천도교 행사 사진
天道敎 行事 寫眞
A Photograph of Cheondoism celebration

천도교 행사와 관련된 사진으로, 뒷장에는 3.1운동을 주도한 민족대표 33인 중 손병희, 권동진, 오세창 등 15명의 이름이 적혀있다. 이외에도 장지연, 한용운, 방정환 등 독립운동에 힘썼던 당대 지식인들의 이름이 적혀있어 천도교가 민족운동의 구심점으로 기능하였음을 알 수 있다.

천도교청년당 제8회 전당대회
天道敎青年黨 第八回 全黨大會
8th Youth Party Convention of Cheondoism
1934년 4월 4일 | 17.9×22.5

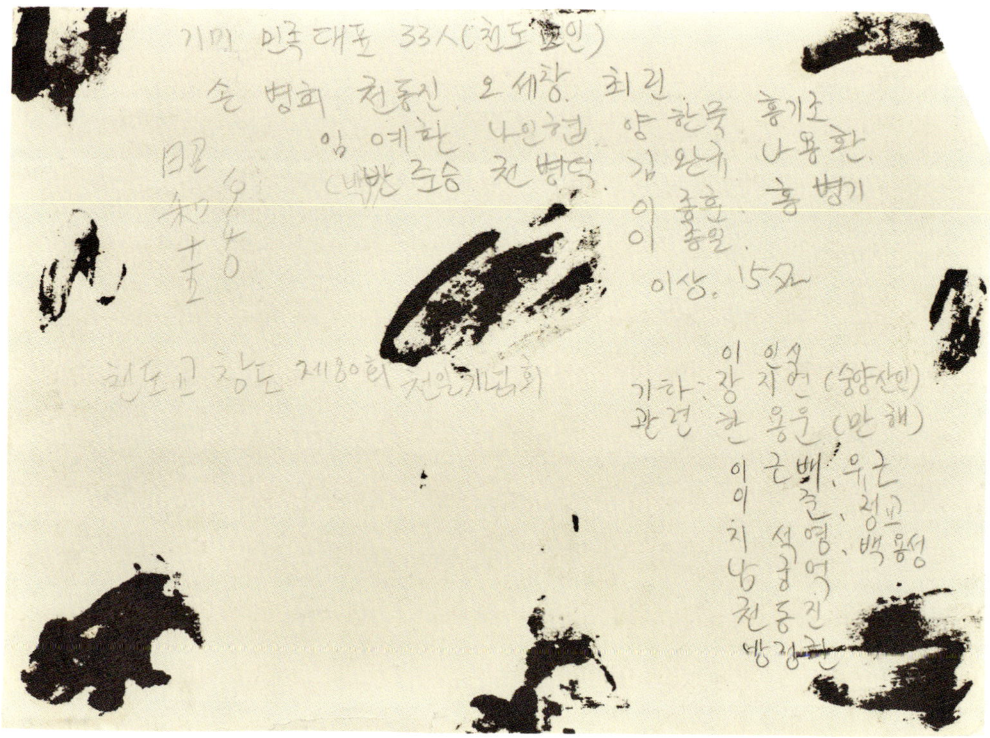

천도교 창도 제80회 천일기념회

天道敎 創道 第八十回 天日記念會

80th Heaven's Day Celebration of Cheondoism

1940년 4월 5일 | 18.7×25.7

경성사람들의 휴식공간

탑골공원은 경성에서 새로운 형태의 여가와 휴식을 즐길 수 있는 공간이었다. 1913년부터 일반인에게 전면 개방하였고 곧이어 야간에도 개방하였다. 1916년 종로 야시장이 개장開場 하면서 야시장 중간에 위치한 탑골공원에서 사람들은 음식을 먹으며 도심 속 야경을 즐기고 휴식을 취하였다. 1920년대 탑골공원은 3.1운동의 영향과 경성부로 관리권 이관이 늦춰지면서 잠시 퇴락頹落 하였으나 여전히 경성에서 유일한 조선인 중심의 도시공원이었다. 1930년대에는 요리집을 철거한 후 그 자리에 어린이 놀이터를 조성하면서 아동공원으로 전환을 시도하였지만 여전히 사주쟁이, 룸펜Lumpen(노동자·부랑자), 어린이 등 다양한 사람들이 모이는 도시공원으로 존재하였다.

Tapgol Park was a space where people could enjoy new forms of leisure and refreshment in Gyeongseong. The park fully opened to public from 1913 and was soon open at night as well. When Jongno Night Market opened in 1916, Tapgol Park, which stood squarely in the center of the market, was a place where people could eat and relax while enjoying the urban scenery. Tapgol Park became temporarily dilapidated in the 1920s due to the impact of the March First Movement and a delay in the transfer of management rights to Gyeongseong-bu (Gyeongseong Magistracy), but it remained the only urban park for Koreans in Gyeongseong. There was an attempt to turn Tapgol Park into a children's park by building a playground on the site of a restaurant torn down in the 1930s, but it ultimately remained a gathering place for people from all walks of life including fortune tellers, lumpen proletarians (laborers and vagrants) and children.

A Place of Rest for the People of Gyeongseong

야시장 열던 밤 탑골공원에서
An Evening at Tapgol Park During the Night Market
『매일신보』 1917년 5월 3일 | 국립중앙도서관

팔각정 주변에서 휴식 중인 사람들
People resting around Octagonal Pavilion
일제강점기

경성의 근대미 그림엽서-경성 파고다공원

京城 近代美 畫葉書-京城 パゴダ公園

Modern Beauty of Gyeongseong Postcard - Pagoda Park, Gyeongseong

일제강점기 | 표지 14.7×9.8, 내지 9.1×14

펜화 스케치 형식의 그림엽서로 경성의 풍경과 민속 생활 모습을 함께 그렸다. 엽서 중 탑골공원과 그곳에서 여유를 즐기는 사람들이 그려져 있다.

크리스마스 씰 도안-연 날리는 어린이
聖誕節 seal 圖案
Christmas Seal Design - Children Flying Kites
1936년 | 19.3×12.6

영국 출신 화가 엘리자베스 키스Elizabeth Keith(1887~1956)가 그린 크리스마스 씰 도안으로 탑골공원에서 연 날리는 어린이를 그렸다. 멀리 팔각정과 10층석탑을 확인할 수 있다.

파고다공원 부채
パゴダ公園 扇
Pagoda Park Fan
일제강점기 | 35.8×24.5

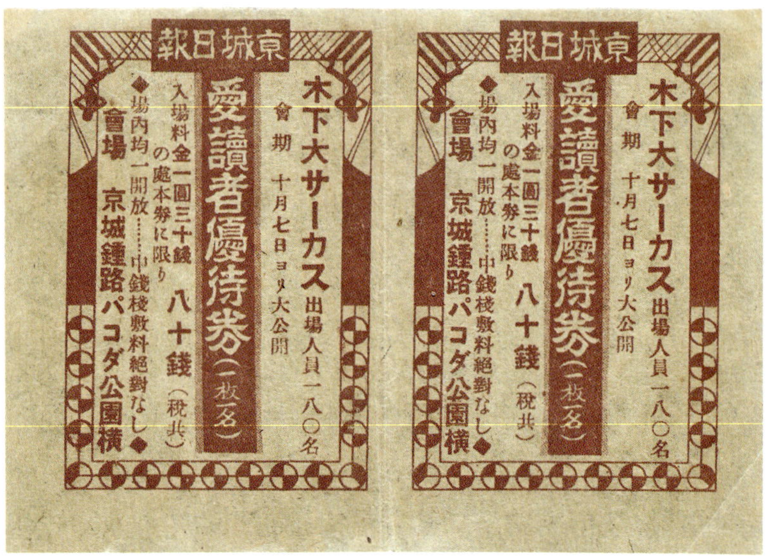

키노시타 서커스 우대권
木下 circus 優待券
Kinoshita Circus Complimentary Pass
일제강점기 | 8×5.5, 8.9×12.2

경성일보 애독자를 대상으로 발행한 것으로 탑골공원 근처에서 개최한 서커스를 볼 수 있는 우대권이다.

경성안내-인천·개성

京城案內-仁川·開城
Gyeongseong Guide
- Incheon and Kaeseong

1934년 | 18.8×12.7

경성 관광 안내와 관련된 홍보물로 탑골공원을 경성의 명소 중 한 곳으로 소개하고 있다.

内圖
凡例
著名地
觀光道路
鉄道線路
電車線路
京電バス
河川
孝子洞
昌成洞
通義洞
景福宮
博物館
勤政殿
朝鮮總督府
八判洞
昭格洞
安國洞
松峴洞
弼雲洞
社稷公園
社稷洞
峨底洞
獨立門
杏村洞
天然洞
城壁
唐珠洞
京城道監
光化門通
遞信局
法學專門
清進洞
西大門通
英國領事館
露國領事館
京城放送局
貞洞
德壽宮
京城府廳
米國領事館
裁判所
西小門町
和泉町
中林洞
蓬萊町
商工獎勵館
南大門市場
南大門通
朝鮮銀行
朝鮮神宮
吉野町
京城驛
京城驛構内喫茶部
京城驛二階食堂
京城觀光案内所
林屋ホテル
ツーリストビューロー
朝鮮美術品製作所
漢城券番
朝鮮券番
大京城写真館
花月食堂
千代田グリル
朝鮮ホテル
朝鮮製菓會社
京城タクシー
丸ビル会館
朝日乃旅館
三中井
平田百貨店
不知火旅館
三越
河原写真館
都鳥
千代本
京和亭
千代新
白水
三重旅館
池田商會
大東館
村上旅館
美福旅館
御成旅館
南大門写真館
大塚旅館
二見旅館
朝日タクシー
古市町
岸の家
京喜久
喜久家
和信商會
天一藥房
龍山略圖
青葉町
古市町
岡崎町
孝昌園
龍山中學校
第二女學校
練兵町
歩兵七十八聯隊
歩兵七十九聯隊
三角道路
師團司令部
軍司令部
練兵場
鉄道グラウンド
鉄道公園
元町二丁目
旧山館前
龍山驛
漢江

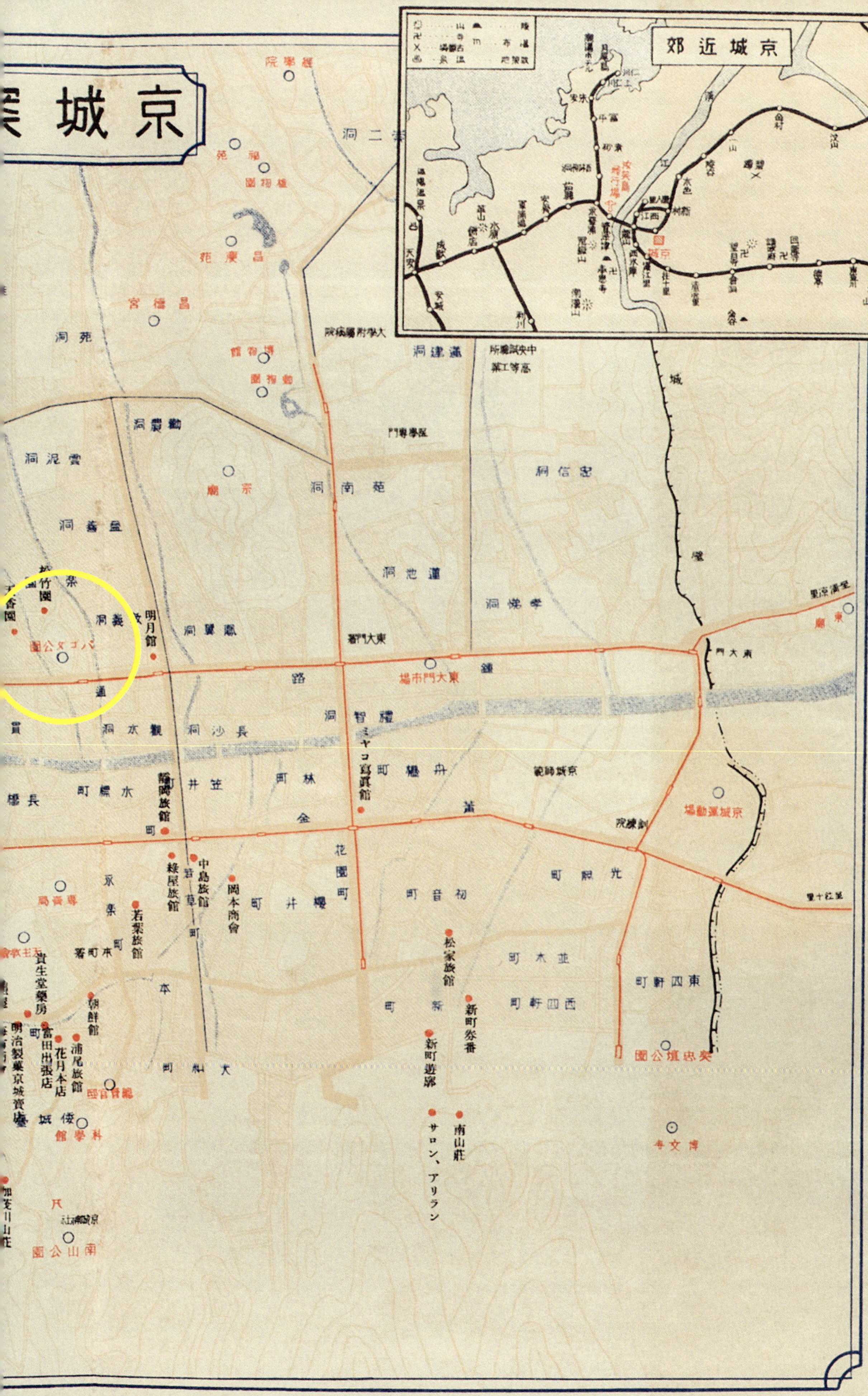

京城
京城近郊
京城大學附屬病院
中央試驗所
高等工業
蓮建洞
勸農洞
雲泥洞
臥龍洞
宗廟
苑南洞
臥信洞
蓮池洞
孝悌洞
東大門
東大門市場
鍾路
禮智洞
長沙洞
觀水洞
笠井町
林町
舟橋町
京城師範
京城運動場
金
ミヤコ寫眞館
明月館
パゴダ公園
竹園
花園町
光熙町
初音町
櫻井町
並木町
東四軒町
西四軒町
奬忠壇公園
博文寺
松家旅館
新町券番
新町遊廓
南山莊
サロン、アリラン
岡本商會
中島旅館
若草町
若菜旅館
綠屋旅館
本町
大和町
朝鮮館
浦尾旅館
花月本店
富田出張店
資生堂藥房
明治製菓京城賣店
倭城
科學館
南山公園
京城神社
加茂川山莊
昌慶苑
昌德宮
博物館
植物園
苑秘
景學院

경성명소유람버스영업안내

京城名所遊覽バス營業案內

Gyeongseong Sightseeing Bus Service Guide

1930년 | 15.5×9.2

경성 관광 안내와 관련된 홍보물로
탑골공원을 경성의 명소 중 한 곳으로
소개하고 있다.

パゴダ公園
南
通

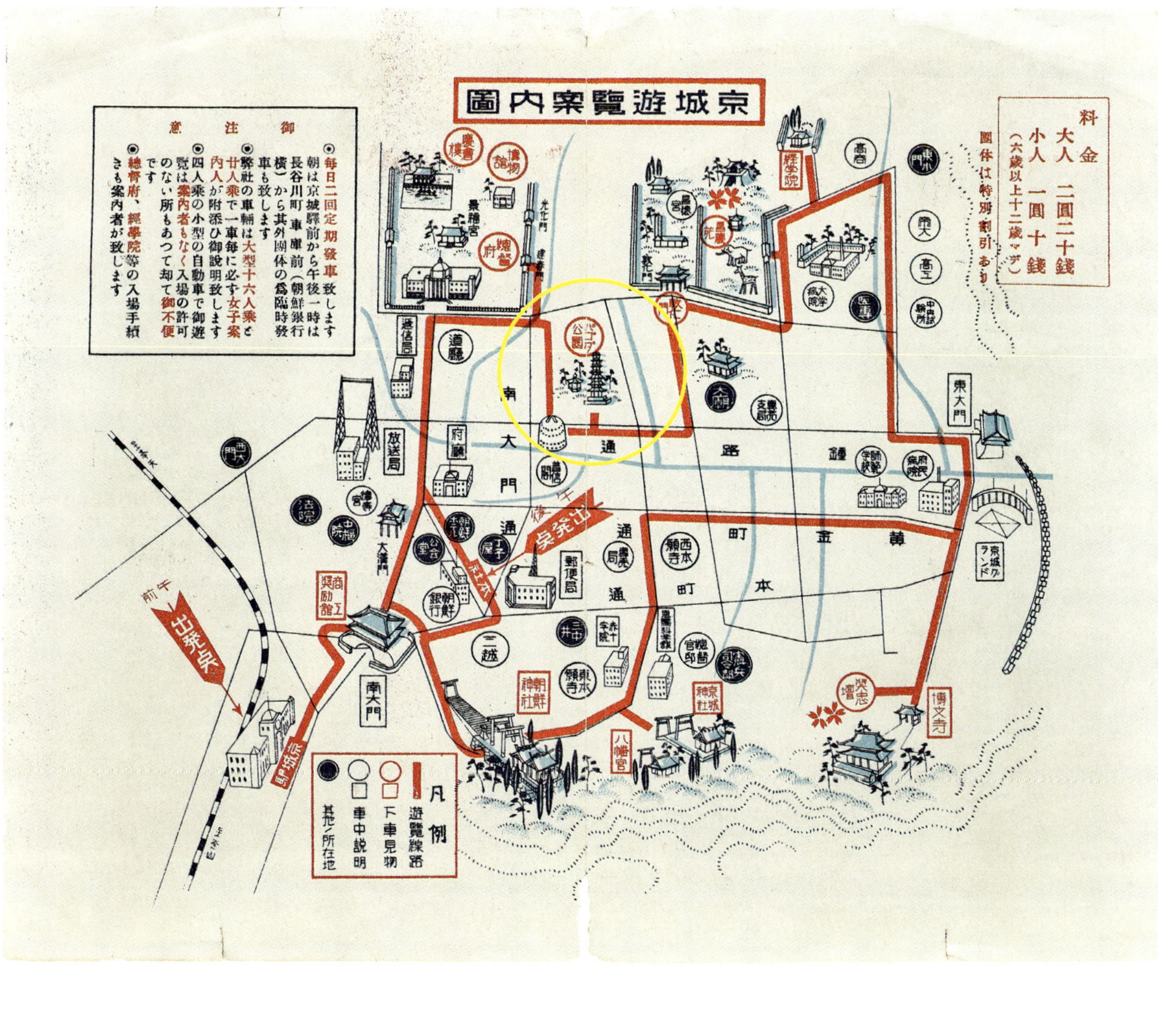
京城遊覽案內圖
御注意
◉每日二回定期發車致します朝は京城驛前から午後一時は長谷川町車庫前（朝鮮銀行横）から其外團体の爲臨時發車も致します
◉弊社の車輛は大型十六人乘と廿人乘で一車毎に必ず女子案內人が附添ひ御說明致します
◉四人乘の小型の自動車で御遊覽は案內者もなく入場の許可のない所もあつて却て御不便です
◉總督府、經學院等の入場手續きも案內者が致します
料金
大人　二圓二十錢
小人　一圓十錢
（六歲以上十二歲マデ）
團体は特別割引あり
凡例
遊覽線路
下車見物
車中說明
其他ノ所在地
パゴダ公園
南大門通
鍾路
黃金町
本町通
南大門
出發點

탑골공원 어린이 놀이터
Children's Playground in Tapgol Park
『조선일보』 1934년 12월 28일

(탑골공원)뒷문을 보고서서 왼쪽은
연못이던 것을 메우고 만든 어린이 놀이터였다.
그네, 미끄럼대, 시소, 뺑뺑이, 정글짐, 철봉틀이 있고, 모래밭이 있었다.

어효선魚孝善, 「파고다공원의 뒷문 밖」, 『내가 자란 서울』, 대원사, 1990년

서울의 눈꼴틀리는 것
Eyesores in Seoul
『동아일보』 1929년 6월 6일

(탑골)공원 안에 심어 놓은 나무보다
낮잠 자는 룸펜이 더 많으니
누가 이곳을 공원처럼 생각할 것인가!

소제부掃除夫, 「추기지상대청결秋期紙上大淸潔」, 『별건곤別乾坤』 66호, 1933년

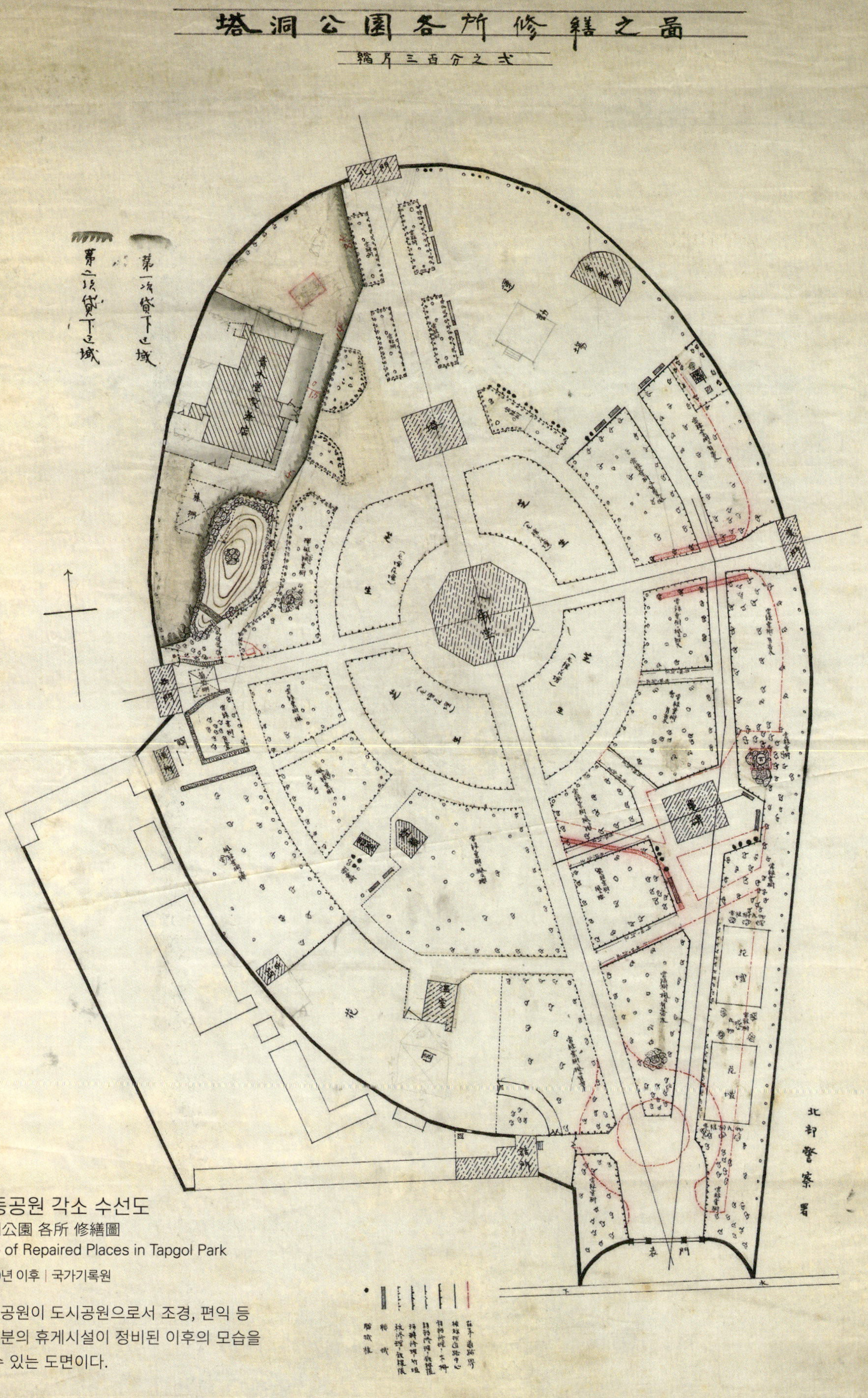

탑동공원 각소 수선도
塔洞公園 各所 修繕圖
Map of Repaired Places in Tapgol Park

1910년 이후 | 국가기록원

탑골공원이 도시공원으로서 조경, 편익 등 대부분의 휴게시설이 정비된 이후의 모습을 알 수 있는 도면이다.

1922년 여름밤의 탑골공원

어린이 운동가 소파 방정환方定煥(1899~1931)은 여름밤의 탑골공원을 산책하면서 보았던 공원의 모습과 정취를 글로 남겼다. 당시 탑골공원은 지금과는 사뭇 다른 분위기였다. 비록 일제의 감시와 방치 속에서도 여전히 경성사람들에게는 만남과 사색의 장이었다. 영상 속에서 탑골공원을 걸으며 그 시절의 정취를 느낄 수 있기를 바란다.

『개벽』 26호

『開闢』 26號

Gaebyeok (Official Organ of Cheondoism) No. 26

1922년 | 국립중앙도서관

3.1운동 이후 천도교 지원으로 발행한 민족주의 성향의 종합잡지이다. 방정환은 '잔물'이라는 필명으로 경성에 있는 여러 공원을 둘러본 소감을 실었는데, 탑골공원 방문 기사가 첫 번째로 실려있다.

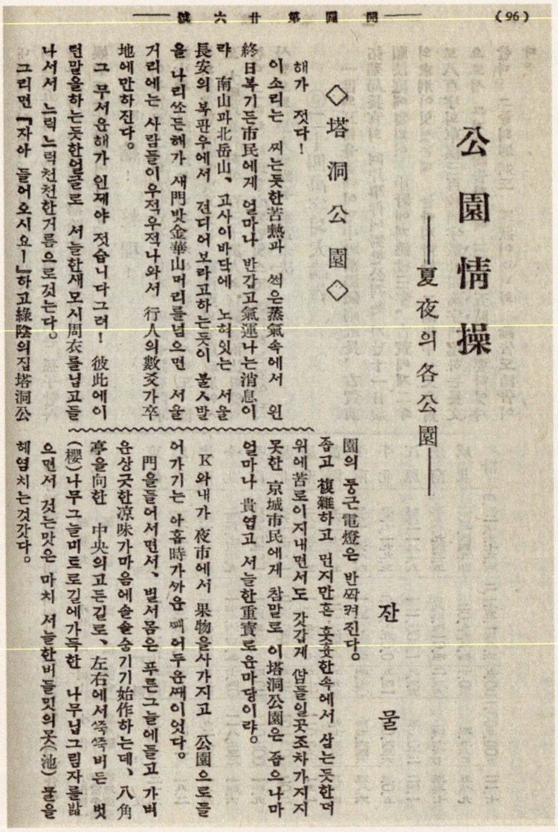

開闢 第二十六號 (96)

公園情操

—夏夜의各公園—

잔물

◇塔洞公園◇

해가 젓다!

이소리는 찌는듯한苦熱과 썩은蒸氣속에서 왼終日복기든市民에게 얼마나 반갑고氣運나는消息이라 南山과北岳山、고사이바다에 노혀잇는 서울長安의 복판우에서 전디어보라고하는듯이 불스발을 나리쏘든해가 새門밧金華山머리를넘으면 서울거리에는 사람들이우적우적나와서 行人의數爻가卒地에만하진다。

그 무서운해가 인제야 젓습니다그려! 彼此에이런말을하는듯한얼골로 서늘한새모시周衣를닙고들나서서 느릭느릭천천한거름으로것는다。

그리면 『자아 들어오시요—』하고綠陰의집塔洞公園의 둥근電燈은 반짝켜진다。

좁고 複雜하고 먼지만흔 혼혼한속에서 살는듯한더위에苦로이지내면서도 갓갑게 삽들일곳조차가지지못한 京城市民에게 참말로 이塔洞公園은 좁으나마 얼마나 貴엽고 서늘한重實로운마당이랴。

K와내가 夜市에서 果物을사가지고 公園으로들어가기는 아홉時가싸운 때어두운째이엇다。

門을들어서면서、벌서몸은 푸른그늘에들고 가벼운상긋한涼味가마음에솔솔숭기기始作하는데、八角亭을向한 中央의고든길로、左右에서쭉쭉비든 벗(櫻)나무그늘미트로길에가득한 나무닙그림자를밟으면서 것는맛은 마치 서늘한비들빗의못(池)물을헤엽치는것갓다。

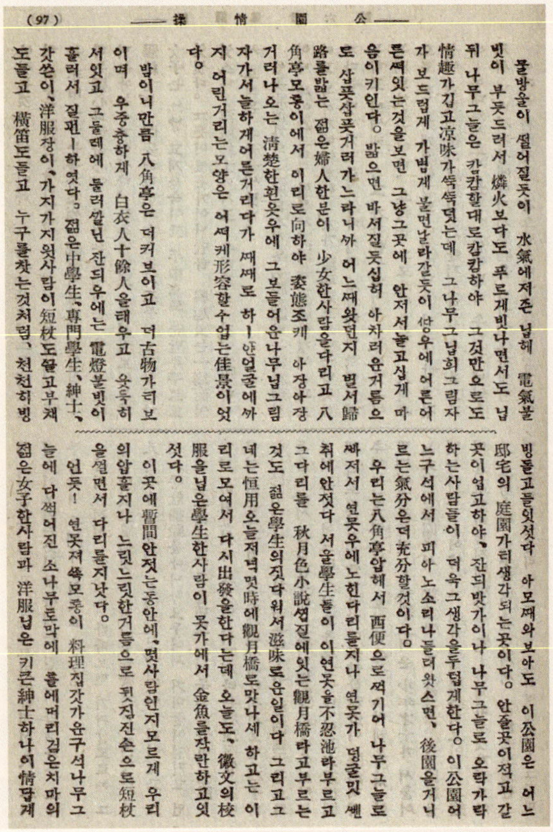

(97) 公園情操

물방울이 썰어질듯이 水氣에저즌 닙헤 電氣불빗이 부듯드려서 燐火보다도 푸르게빗나면서도 닙뒤 나무그늘은 캄캄할대로캄캄하야 그것만으로도 情趣가깁고涼味가뚝뚝덧는데 그나무그닙희그림자가 보드럽게 가볍게 불면날라갈듯이 쌍우에 어른어른써잇는것을보면 그냥그곳에 안저서놀고십게 마음이키인다。밟으면 바서질듯십허 아차러운거름으로 삽풋삽풋거러가느라니까 어느째왓던지 벌서歸路를밟는 젊은婦人한분이 少女한사람을다리고 八角亭모퉁이에서 이리로向하야 姿態조캐 아장아장거러나오는 淸楚한흰옷우에 그보들어운나무닙그림자가서늘하게어른거리다가 째째로 하ㅣ얀얼굴에싸지 어린거리는모양은 어써케形容할수업는佳景이엇다。

밤이니만큼 八角亭은 더커보이고 더古物가티보이며 우중충하게 白衣人十餘人을태우고 웃둑히서잇고 그둘레에 둘러쌀닌 잔듸우에는 電燈불빗이흘러서 질펀—하엿다。젊은中學生、專門學生、紳士、갓쓴이、洋服장이、가지가지의사람이短杖도쑬고부채도들고 橫笛도들고 누구를찻는것처럼、천천히빙빙돌고들잇섯다 아모째와보아도 이公園은 어느邸宅의 庭園가티생각되는곳이다。안출곳이적고 갈곳이업고하야、잔듸밧가이나 나무그늘로 오락가락하는사람들이 더욱그생각을두텁게한다。이公園어느구석에서 피아노소리나들려왓스면、後園을거니르는氣分은더充分할것이다。

우리는八角亭압헤서 西便으로써기어 나무그늘로빠저서 연못우에노힌다리를지나 연못가 덩굴밋 쎈취에안젓다 서울學生들이 이연못을不忍池라부르고 그다리를 秋月色小說생질에잇는觀月橋라고부르는것도 젊은學生의짓다워서滋味로운일이다 그리고그네는恒用오늘저녁몃時에觀月橋로맛나세 하고는 이리로모여서 다시出發을한다는데 오늘도、徽文의校服을닙은學生한사람이 못가에서 金魚를작란하고잇섯다。

이곳에暫間안젓는동안에、멧사람인지모르게 우리의압홀지나 느릿느릿한거름으로 뒤ㅅ짐진손으로短杖을썰면서 다리를지낫다。

언듯! 연못저쪽모퉁이 料理집갓가운구석나무그늘에 다써어진 소나무토막에 흘에머리검은치마의 젊은女子한사람과 洋服닙은 키큰紳士하나이情답게

해방된 서울과 탑골공원

해방의 기쁨도 잠시 한반도에서는 6.25 전쟁이 발발하였다. 서울의 공원 중 산·구릉에 조성되었던 곳은 전술적으로 중요한 위치에 있었으므로 전투 과정에서 심각한 피해를 입었다. 도심에 위치했던 탑골공원 역시 수차례의 시가전에서 음악당, 놀이터 등 시설물이 파괴되는 등 피해가 컸다. 일제는 탑골공원을 일본 제국주의를 강요·홍보하는 장소로 이용하였지만, 해방 이후에도 여전히 사람들이 즐겨 찾는 도시공원으로서 가치 있게 존재하였다. 탑골공원은 민족의 지난 아픔과 자랑스러운 기억을 대변하는 공간으로 변하였다. 10층석탑 등 문화유산 정비에 노력을 기울였고, 독립정신 등 새로운 가치를 더하는 작업을 병행하였다. 서울 도심 한가운데에 위치하였기 때문에 각종 행사가 개최되었고, 다양한 사건이 발생하면서 그 존재감은 더욱 높아졌다. 시민을 위한 도시공원으로서 역할에도 충실하였다. 공원과 상업시설이 결합하면서 주변으로 다양한 편의시설이 만들어졌고 도심 속 대표 휴게공간이자 문화시설로 자리 잡았다.

The joy of liberation from Japanese rule was cut short by the outbreak of the Korean War(1950). The hills and mountains on which Seoul's parks had been built were important strategic locations, so they took heavy damage during the war. As a park in the city center, Tapgol Park facilities including the music hall and playground also took significant damage during the street battles. Although Tapgol Park was used as a place for coercing and promoting Japanese imperialism, the park retained its value as a popular urban park even after Korea's liberation. Tapgol Park became a place that stood for both the pain and proud memories of the Korean people. The Korean government endeavored to restore cultural heritage such as the ten-story stone pagoda while also infusing new values such as the spirit of independence. Because Tapgol Park lies in the center of Seoul, it served as the stage for diverse events and gained even greater presence as a number of incidents happened. The addition of commercial facilities to the park led to a range of amenities popping up nearby, and Tapgol Park became a well-known rest area and cultural space in the city center.

The Liberation of Seoul and Tapgol Park

민족정신 회복의 장

해방 이후 탑골공원에서는 일제강점기 동안 손상되었던 민족정신을 회복하기 위한 노력이 최근까지 이어졌다. 3.1운동 발상지로서 가치를 드높이고자 1960년대에 3.1독립선언기념탑, 손병희 선생 동상 등을 건립하였다. 기존 전통 시설에 대한 정비도 이루어졌다. 10층석탑(1962)과 대원각사비(1963), 팔각정(1989)을 문화재로 지정하였고, 90년대에는 보존을 위한 보호시설을 설치하였다. 한편 서울 중심부에 위치하였기 때문에 3.1운동 기념식, 휴전 반대 궐기대회 등 정치·문화·종교와 관련한 다양한 기념행사를 개최하였다. 1991년에는 탑골공원의 보전 가치를 인정하여 사적 제354호로 지정하였고, 동시에 그동안 혼용했던 명칭을 '탑골공원'으로 확정하였다.

Ever since Korea's liberation, there have been ongoing efforts in Tapgol Park to restore the Korea's national spirit damaged during the Japanese colonial period. With an intend to enhancing the value of the park as the birthplace of the March First Movement, structures such as the March First Declaration of Independence Memorial Tower and a bronze statue of Independence Activist Son Byeong-hui(1861-1922) were built in the 1960s. Maintenance work was also carried out on the traditional structures. The Ten-story Stone Pagoda, Stele for the Construction of Daewongaksa Temple and the Octagonal Pavilion were designated as cultural heritage in 1962, 1963 and 1989, respectively, and protective facilities were added in the 1990s to preserve these treasures. Due to the park's location in the center of Seoul, a number of commemorative events for political, cultural and religious purposes have been held here, including March First Movement memorial services and anti-ceasefire rallies. In 1991, the value of preserving Tapgol Park was recognized through its designation as Historic Site No. 354, and the previously interchangeable names of the park were consolidated into "Tapgol Park."

A Site for Restoring the National Spirit

원각사지10층석탑을 복구하는 미군
US Soldiers Restoring the Ten-story Stone Pagoda at Wongaksa Temple Site
1946년 | 국립중앙박물관

한국은행권 오백원
韓國銀行券 五百圓
Bank of Korea 500 Won Note
1952년 | 6.4×14.7

한국은행권 천원
韓國銀行券 千圓
Bank of Korea 1,000 Won Note
1953년 | 6.7×15.6

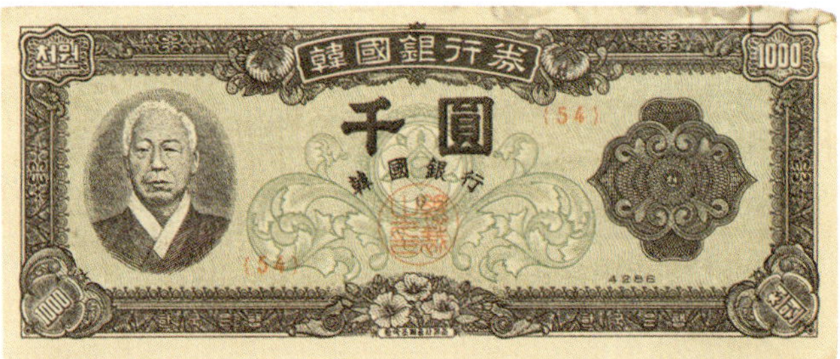

3.1절 홍보포스터
三一節 弘報poster
March First Movement
Promotional Poster

1960년 | 53×38

독립선언문을 인용한 달력
獨立宣言文 引用 曆
Calendar Quoting the March
First Declaration of Independence

1962년 | 39.3×34.2

손병희 선생 동상 제막
孫秉熙 先生 銅像 除幕
Unveiling of Bronze Statue of Independence Activist Son Byeong-hui
1966년

義菴孫秉熙先生銅像除幕式

3.1독립선언기념탑제막식

三一獨立宣言記念塔除幕式

Unveiling Ceremony for the Memorial Tower of the March First Declaration of Independence

1963년 | 국가기록원

최초 공원 서쪽에 세워졌던 기념탑은 1967년, 1979년 등 탑골공원을 정비하는 과정에서 위치가 바뀌었다가 현재는 서대문독립공원에 위치해 있다.

3.1절 33인 합동추념식

三一節 民族代表三十三人 合同追念式

Joint Memorial Service for 33 Independence Activists of the March First Movement

1967년 | 서울기록원

탑골공원 휴전회담 반대 궐기대회
塔골公園 休戰會談 反對 蹶起大會
Tapgol Park Rally Against the Ceasefire Talks
임인식Lim In-sik 作 | 1953년

탑골공원 기념 우표, 복권

塔골公園 記念 郵票, 福券

Tapgol Park Commemorative Stamps and Lottery Ticket

1971년, 1979년 | 우표 1장당 3.6×2.7, 주택복권 6.6×13, 365주택복권 6.5×13

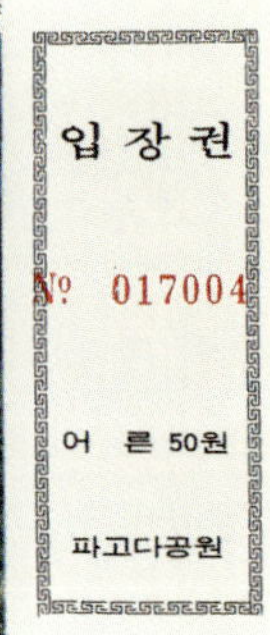

파고다공원 입장권

パゴダ公園 入場券

Admission Ticket

1975년 이후 | 9.4×19.2

탑골공원 중수 이후 입장료(어른 10원, 어린이 5원)를 받기 시작하였다. 이후 수차례 입장료 인상이 있었는데, 공원 정비를 위한 유료화와 시민 복지를 위한 무료화 주장이 이어져 오다가 현재는 무료로 개방하고 있다.

대원각사비 보호각 설계도

大圓覺寺碑 保護角 設計圖

Blueprint of the Pavilion to Protect the Stele for the Construction of Daewongaksa Temple

1997년 | 서울기록원

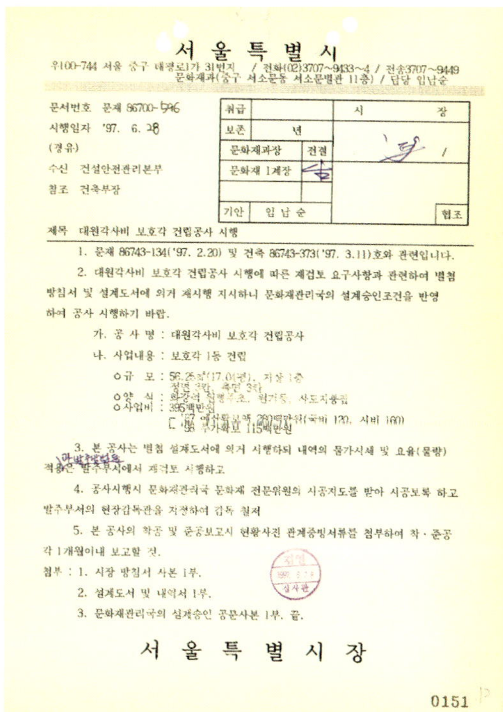

서 울 특 별 시

우100-744 서울 중구 태평로1가 31번지 / 전화(02)3707~9433~4 / 전송3707~9449
문화재과(중구 서소문동 서소문별관 11층) / 담당 임남순

문서번호 문재 86700-596
시행일자 '97. 6. 28
(경유)
수신 건설안전관리본부
참조 건축부장

취급		시	장
보존	년		
문화재과장	전결		
문화재 1계장			
기안	임 남 순		협조

제목 대원각사비 보호각 건립공사 시행

1. 문재 86743-134('97. 2.20) 및 건축 86743-373('97. 3.11)호와 관련입니다.

2. 대원각사비 보호각 건립공사 시행에 따른 재검토 요구사항과 관련하여 별첨 방침서 및 설계도서에 의거 재시행 지시하니 문화재관리국의 설계승인조건을 반영하여 공사 시행하기 바람.

가. 공 사 명 : 대원각사비 보호각 건립공사

나. 사업내용 : 보호각 1동 건립

○규 모 : 56.25㎡(17.0평), 지상 1층
정면 3칸, 측면 3칸
○양 식 : 화강석 칠량주초, 원기둥, 사모지붕집
○사업비 : 395백만원
└ '97 예산확보액 280백만원(국비 120, 시비 160)
└ '98 추가확보 115백만원

3. 본 공사는 별첨 설계도서에 의거 시행하되 내역의 물가시세 및 요율(물량) 적용은 발주부서에서 재검토 시행하고

4. 공사시행시 문화재관리국 문화재 전문위원의 시공지도를 받아 시공토록 하고 발주부서의 현장감독관을 지정하여 감독 철저

5. 본 공사의 착공 및 준공보고시 현황사진 관계증빙서류를 첨부하여 착·준공 각 1개월이내 보고할 것.

첨부 : 1. 시장 방침서 사본 1부.
2. 설계도서 및 내역서 1부.
3. 문화재관리국의 설계승인 공문사본 1부. 끝.

서 울 특 별 시 장

0151

대원각사비 보호각 건립 공사 시행문

大圓覺寺碑 保護角 建立 工事 施行文

Construction Document of the Pavilion for the Stele for the Construction of Daewongaksa Temple

1998년 | 26.6×20 | 서울기록원

원각사지10층석탑 보호각 설계도

圓覺寺址十層石塔 保護角 設計圖

Blueprint of the Protection Structure for the Ten-story Stone Pagoda at Wongaksa Temple Site

1998년 | 서울기록원

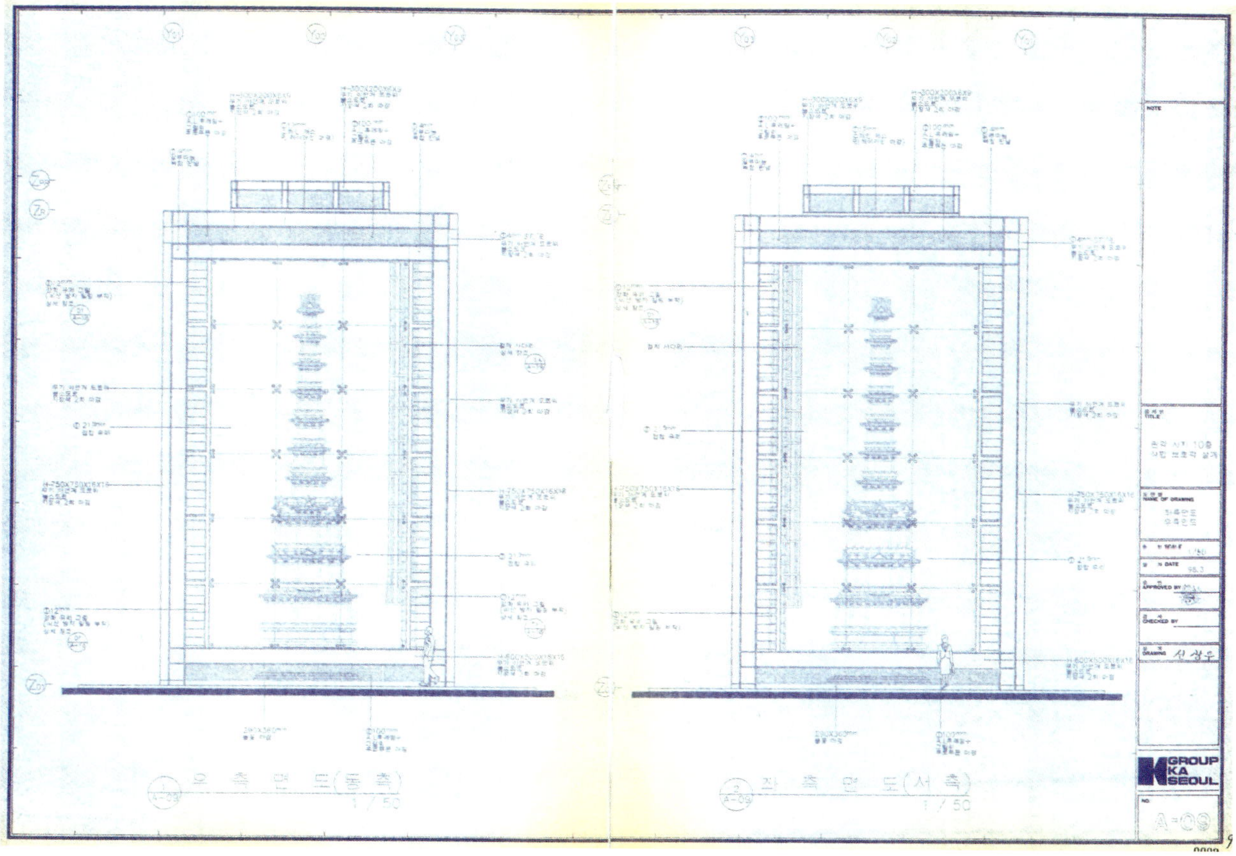

탑골공원
중수重修와 아케이드

1966년 서울시는 탑골공원 정비를 위한 중수 계획을 발표하였다. 역사적 기념물은 보존하고, 휴식처·연못 등을 새롭게 조성하여 공원으로서 기능을 강화하고자 하였다. 정문은 강릉 임영관臨瀛館 삼문三門(국보 제51호)을 본떠 삼일문으로 새로 지었다. 공원 서쪽에 자리했던 종로도서관을 이전, 3.1독립선언기념탑은 동쪽으로 옮겨 서~북쪽 전체를 아우르는 아케이드를 건립하였다. 아케이드 안쪽 벽에는 3.1운동 정신을 기리고자 민족대표 33인의 모습을 조각하였다. 아케이드는 1983년까지 존속하였다가 공원 재정비 사업으로 철거, 해당 부지는 공원과 도로로 편입되었다. 아케이드 철거 시 부착되어있던 3.1운동 기념부조는 북쪽 담장으로 옮겨 설치하였다.

In 1966, Seoul announced a remodeling plan for the maintenance of Tapgol Park. The goal was to improve the space's function as a park by preserving historic monuments and creating a new rest area, pond and other facilities. The main gate was rebuilt as Samil Gate, modeled after the Main Gate of Imyeonggwan Guest House in Gangneung (National Treasure No. 51). Jongno Library was relocated from the west of the park and the March First Declaration of Independence Memorial Tower was moved to the east to construct an arcade that connected the entire northwest side. To honor the spirit of the March First Movement, the inner walls of the arcade were engraved with the 33 independence activists involved in the movement. The arcade remained in place until 1983 when it was removed due to further remodeling, and this site was incorporated into part of the park and surrounding roads. The monuments commemorating the March First Movement were moved to the northern wall of the park when the arcade was torn down.

Tapgol Park Remodeling and the Arcade

탑골공원 중수 시행문

塔골公園 重修 施行文

Document on the Remodeling of Tapgol Park

1967년 | 26.6×20 | 서울기록원

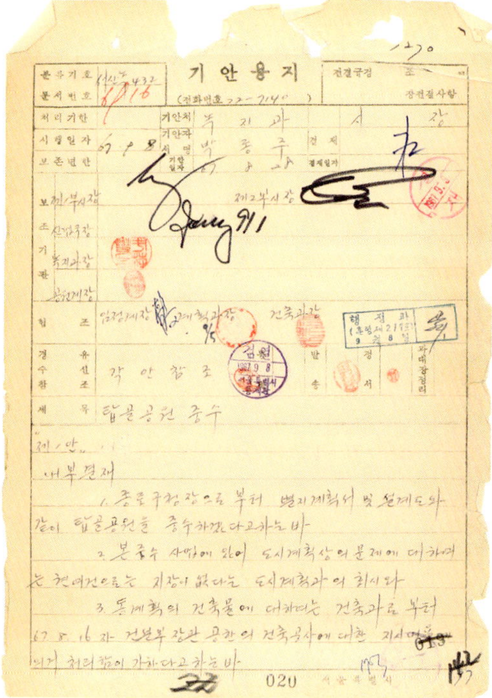

기 안 용 지

(전화번호 72-7140)

제 목 탑골공원 중수

1. 종로구청장으로부터 별지계획서 및 설계도와 같이 탑골공원을 중수하겠다고하는 바

2. 본중수 사업에 있어 도시계획상의 문제에 대하여는 현여건으로는 지장이 없다는 도시계획과의 회시와

3. 동계획의 건축물에 대하여는 건축과로부터 67. 8. 16 자 건설부장관 공한의 건축공사에 대한 지시에 의거 처리함이 가하다고하는 바

020

탑골공원 중수 계획도

塔골公園 重修 計劃圖

Drawing of Remodeling Plan for Tapgol Park

1967년 | 서울기록원

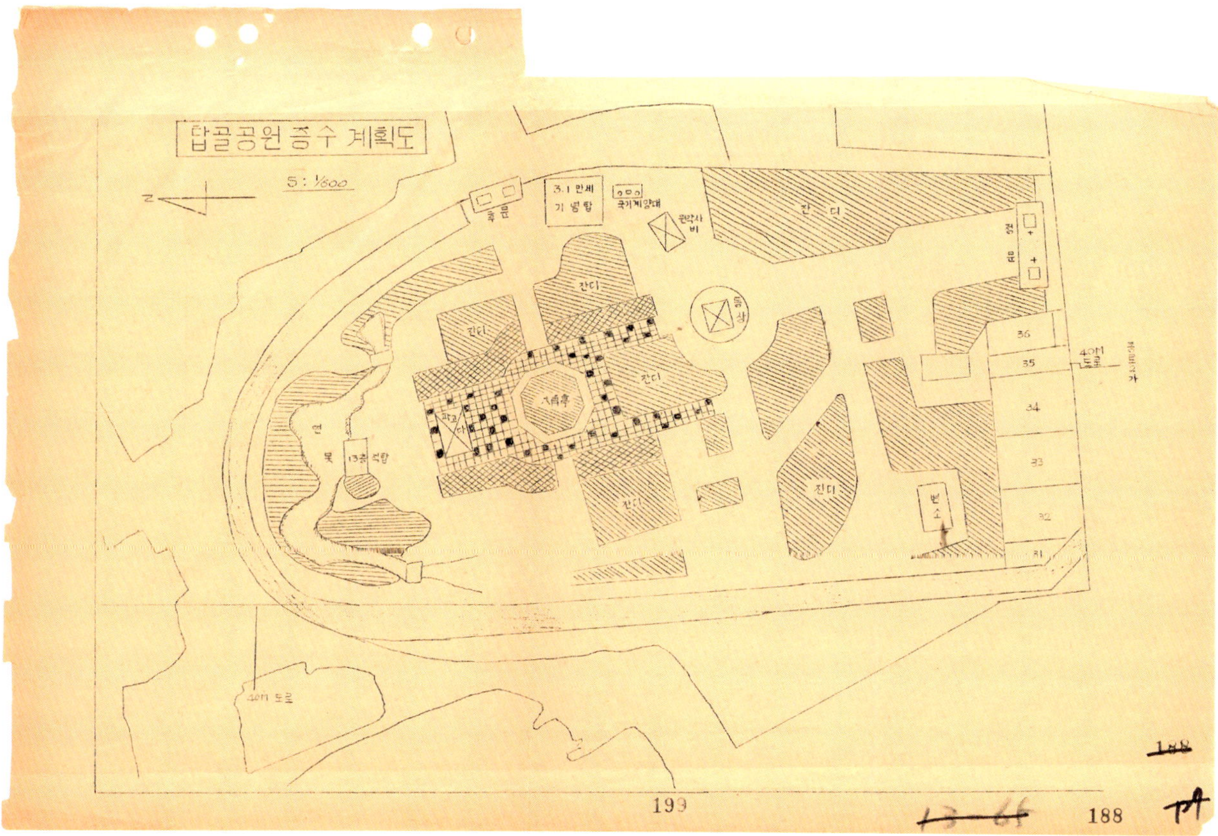

파고다공원 중수 정원 조성 계획도
パゴダ公園 重修 庭園 造成 計劃圖
Pagoda Park Landscape Gardening Plan

1967년 | 서울기록원

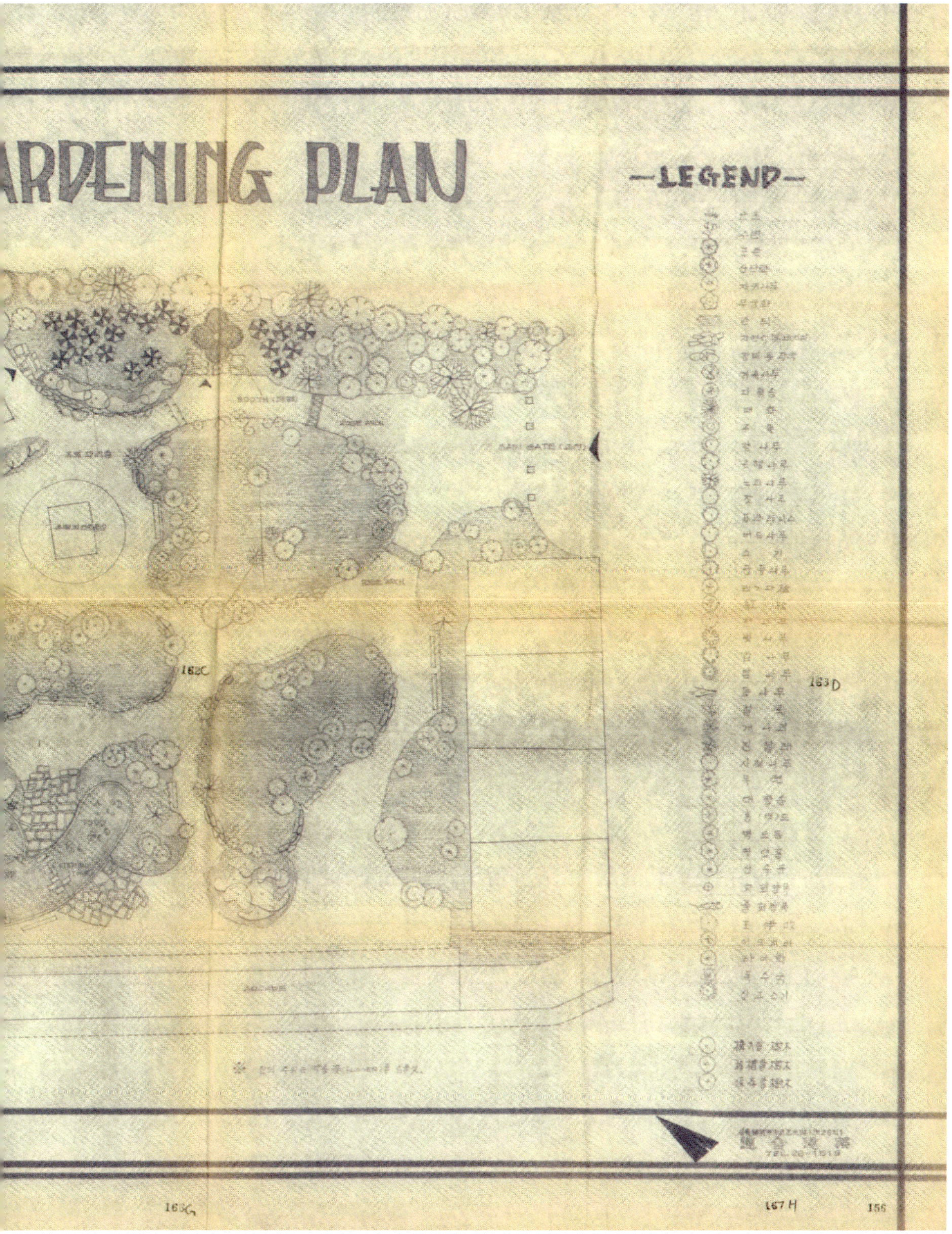
ARDENING PLAN
—LEGEND—
162C
163D
165G
167H
156

중수 공사 중인 탑골공원
重修 工事 中 塔골公園
Tapgol Park During Remodeling
1967년 | 서울기록원

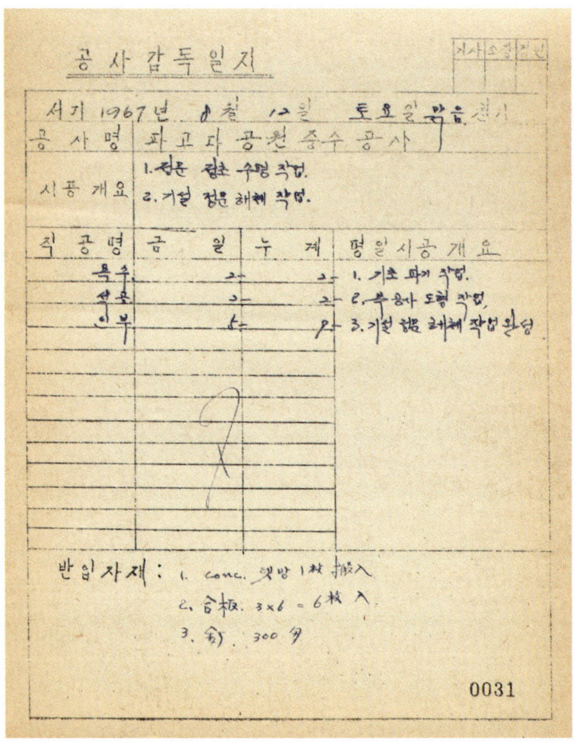

공사감독일지

서기 1967년 8월 12일 토요일 맑음

공사명	파고다공원 중수공사
시공개요	1. 정문 접초 수평 작업. 2. 기설 정문 해체 작업.

직공명	금일	누계	명일시공개요
목수	2	2	1. 기초 파기 작업.
석공	2	2	2. 부용사 도형 작업.
인부	5	9	3. 기설 정문 해체 작업 완성

반입자재: 1. conc. 벽방 1枚 搬入
2. 合板 3×6 = 6枚 入
3. 釘 300 匁

0031

탑골공원 중수공사 현장일지
塔골公園 重修工事 現場日誌
Site Log for Remodeling Work on Tapgol Park
1967년 | 26.6×20 | 한양대학교 백남학술정보관

탑골공원 정문 및 담장 증수공사 보고서
塔골公園 正門 及 墻 增修工事 報告書
Report on the Remodeling Work
on the Main Gate and Walls of Tapgol Park
1967년 | 26.4×19.5 | 한양대학교 백남학술정보관

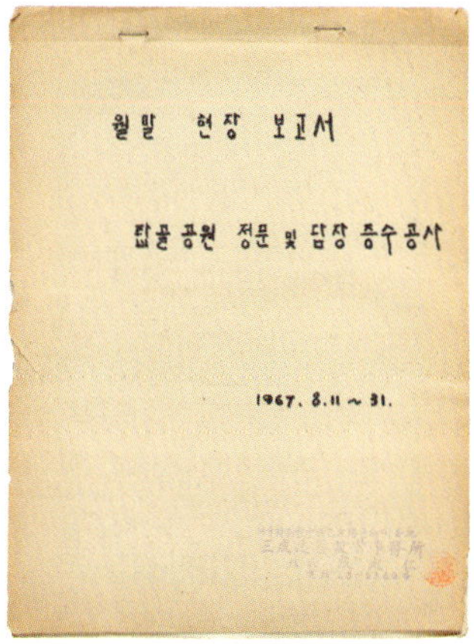
월말 현장 보고서
탑골 공원 정문 및 담장 증수공사
1967. 8.11 ~ 31.

새로 건립한 탑골공원 정문
新築 塔골公園 正門
The Newly Built Tapgol Park Main Gate
1967년 | 서울기록원

삼일문 현판은 중수 당시 박정희 대통령이 친필로 작성하였는데,
2001년 독립운동가 후손이 파손하였다.
지금의 현판은 2003년에 새로 제작하여 설치하였다.

탑골공원 중수 준공식
塔골公園 重修 竣工式
Completion Ceremony for Tapgol Park Remodeling
1967년

중수 이후 탑골공원
重修 後 塔골公園
Tapgol Park After Remodeling
1969년

향린미술연구원
노이로제상담
신광원

아케이드

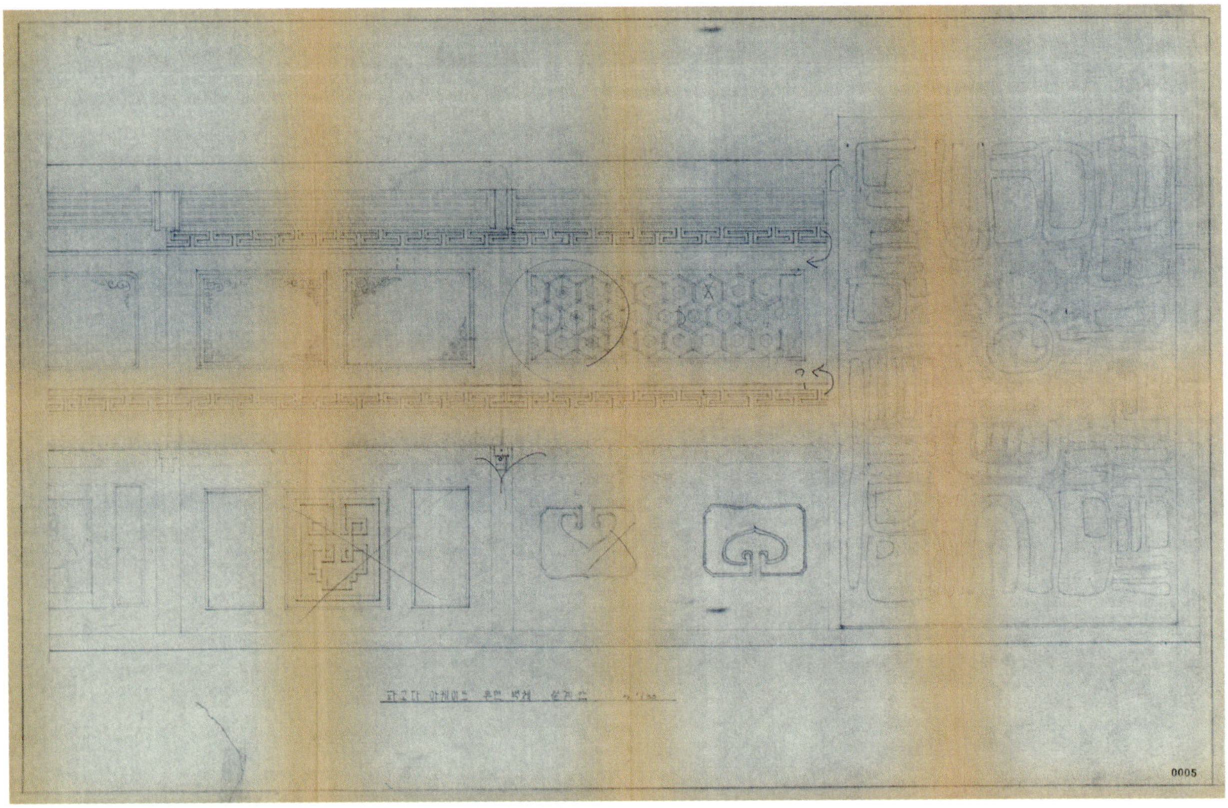

파고다 아케이드 후면 벽체 설계안
arcade 後面 壁體 設計案
Blueprint for Walls Behind Pagoda Arcade
1967년 | 48×73.6 | 한양대학교 백남학술정보관

아케이드 외관과 내부
arcade 外觀, 內部
Interior and Exterior of the Arcade
1968년 | 서울기록원

공원 쪽 아케이드 벽면에 새겨진 3.1운동 조각

March First Movement Relief on the Arcade Walls in the Park

1969년

이 조각들은 1984년 아케이드 철거 시 공원 북쪽 담장으로 옮겨 설치하였다.

니다!
G TIRE
3층전당포
서울X선과의원
세인약국
사진예술원
KUMKANG
인쇄
Kumkang
수상하면 신고하자
낙원보우링

탑골공원 아케이드 전경
塔골公園 arcade 全景
Scene of Tapgol Park Arcade
1976년

아케이드 철거 전 탑골공원
arcade 撤去 前 塔골公園
Tapgol Park Prior to Removal of the Arcade
1975년 | 국토정보지리원

아케이드 철거 후 탑골공원
arcade 撤去 後 塔골公園
Tapgol Park After Removal of the Arcade
1988년 | 국토정보지리원

SUITES

에필로그

현재의 탑골공원

탑골공원은 1983년 정비를 통해 조성된 모습으로 현재까지 이어져 오고 있다. 1990년대에 들어 주로 노인층이 방문하고 있는데, 경제 악화로 어려운 노인들이 증가하면서 저렴하게 시간을 보내기 위해 공원과 주변 상업시설을 방문하고 있다. 또한 도시 개발로 강남, 홍대 등지에 청년층이 즐겨 찾는 새로운 문화공간이 조성되면서 젊은 방문객이 줄어들었다. 2001년에 성역화 사업으로 모든 연령층이 즐겨 찾는 도시공원으로 재정비하고자 하였으나 현재는 다시 노인층이 주로 이용하고 있다. 탑골공원은 많은 사람과 시간의 흔적을 간직한 채 변함없이 자리해오고 있다. 지금은 비록 예전처럼 활성화된 모습은 찾기 힘들지만 서울 최초의 도시공원으로서 그 가치를 다시 한번 인정 받을 수 있기를 기대한다.

The remodeling that took place in 1983 left Tapgol Park with the appearance that still remains today. The park was visited mostly by elderly people in the 1990s, due to the increasing number of unemployed seniors caused by Korea's economic woes, they visit the park and nearby commercial facilities as an affordable way to spend time. Urban development has led to the creation of new cultural spaces frequented by young people such as Gangnam and Hongdae, further reducing the number of young park-goers. The "sanctuary project" was launched in 2001 to remodel Tapgol Park into an urban space that could be enjoyable for all ages, but at present it is still mostly frequented by the elderly. Tapgol Park remains where it has always been, filled with the traces of countless people and times gone by. While Tapgol Park is no longer as bustling as it was in the past, we hope it can once again be appreciated for the value it holds as Seoul's first ever urban park.

Epilogue

Tapgol Park in Modern Times

파고다公園 整備計劃 鳥瞰図

파고다공원 정비계획 조감도
パゴダ公園 整備計劃 鳥瞰圖
Bird's Eye View
of Pagoda Park Maintenance Plan
1983년

탑골公園
二○○○年
蒼石

탑골공원 수묵담채화
塔골公園 水墨淡彩畵
Ink Painting of Tapgol Park
2002년 | 45×70

탑골공원을 주제로 한
창석蒼石 이억영李億榮(1923~2009)의
수묵담채화이다.

탑골공원 주변 파노라마 사진

塔골公園 周邊 panorama 寫眞

Panoramic Photo of the Area Around Tapgol Park

2010년대 | 21.5×408.5

탑골공원 주변 전경을 파노라마 형식으로 촬영하였는데 공원 주변의 소소한 풍경을 담고 있다.

낙원 이발
장수
이발

싸고맛있는집
맛있는집
선비옥
〈식사류〉
북어국
순두부찌개
닭개장
뼈해장국
김치찌개
된장찌개
육개장
동태찌개
제육덮밥
반삼계탕
비빔밥
돌솥비빔밥
갈비탕
삼계탕
닭한마리
고등어조림
초원식당 닭한한마
조원식당

발관

2022년 탑골공원 풍경 Scene of Tapgol Park in 2022

해커스어학원
orakai SUITES

삼일문

논고

탑골공원의 역사적 궤적과 위상변화

서울학연구소 수석연구원 박희용

Article

탑골공원의 역사적 궤적과 위상변화

서울학연구소 수석연구원 박 희 용

1. 들어가면서

도성 안 최초의 근대 도시공원이자 일제강점기 3·1독립선언서가 낭독된 탑골공원은 현재도 도심 속에서 역할을 지속해오고 있다. 이곳은 과거 탑동塔洞 혹은 사동寺洞에서 파고다pagoda를 거쳐 탑골로 명명되고 있는데, 명칭에서도 알 수 있듯이 이곳에는 국보로 지정된 원각사지10층석탑이 우뚝 솟아 이곳의 장소성을 형성하고 있다. 도성 한복판인 이곳에는 조선 초기 흥복사興福寺에서 중건된 원각사가 자리했고, 이후 폐허가 된 터에 관청과 주거지 등이 들어서기도 했다. 대한제국기에 들어와서는 최초의 도시공원으로 조성되면서 군악대의 연주장소로도 사용되었다. 식민지기를 거치면서 한때 아동유원지와 카페 등 여러 시설물과 기능들이 혼재되어 사용되다가, 해방 이후에는 도심 속 휴식처처럼 이용되고 있다.

이 논고에서는 이러한 긴 역사적 흐름을 거치면서 변화해온 탑골공원의 역사적 궤적과 함께 위상의 변화를 살펴보고자 한다.

2. 사역寺域에서 공원으로

조선 초기 원각사의 행정구역은 중부 경행방慶幸坊이었다. 이 지역은 고려시대 흥복사가 있던 곳으로, 이 사찰 터에 세조는 다시 원각사圓覺寺를 세웠다.[1] 표면적인 이유는 효령대군이 양주 회암사檜巖寺에서 원각법회를 베풀 때 사리가 분신하는 등의 상서祥瑞가 일어나자 이를 기념하고 민생안정을 기원하기 위해 흥복사를 중건한다는 것이었다. 그러나 잘 알려진 것처럼 세조는 단종을 폐위하고 조선 7대 왕으로 등극했다. 이것은 왕권의 도덕성과 정통성에 많은 약점을 가지게 했고, 이에 세조는 왕권의 정통성을 위해 많은 노력을 기울였다. 그래서 세조 초기 공식적으로는 사라진 제천단인 원구단圜丘壇을 새롭게 정비해서 제천례를 직접 거행해 왕으로서의

1
『동국여지지』 제1권, 경도(京都) ; 『(국역)신증동국여지승람 I』(민족문화추진회, 1986), 317쪽.

신성함과 위상을 높이는 일을 추진했고, 후반기에는 왕권의 안정을 위해 불교의 상서를 적극적으로 활용하는 정책을 폈다.[2] 그리고 이것의 연장선에서 세조는 도성 한복판 '민民의 장소'로 인식되는 시전市廛 한가운데에 기념시설로 원각사를 중건하게 된 것으로 판단된다.

세조 10년(1464) 창건되기 시작한 원각사는 다음 해인 11년 4월 주요 건물들이 완성된 것으로 보이고,[3] 최종 완공은 김수온金守溫(1410~1481)이 지은 대원각사大圓覺寺 비문에 있듯이 그해 10월로 추정된다. 원각사의 창건공사에 참여한 인원은 군사가 2,100여 명이고,[4] 법당은 8만장張의 청기와로 잇는다고 하는 기록에서 알 수 있듯이[5] 대규모의 공사였음을 짐작해 볼 수 있다. 건축공사와 함께 원각사 대종大鐘의 주조도 시작되어 세조 11년 1월 완성되었다.[6] 대종을 주조하는데 들어간 구리는 4만여 근이었다고 한다.[7]

또한 원각사를 대표하는 10층석탑은 세조 13년(1467) 4월에 완성되었다.[8] 재료상의 특징으로 인해 백탑白塔으로 불리기도 했으며, 당시 도성 안에서 우뚝 솟아 시각적으로 매우 돋보였을 것이다. 세조대 후반의 정치적인 상황으로 볼 수도 있겠지만[9] 외국 사신들은 도성을 방문할 경우 원각사에 들르는 일이 많았고, 이들은 원각사 백탑의 모습에 큰 감동을 받았던 것으로 보인다.[10]

1803년 7월 2일 훈련도감 소속의 무관들을 위해 순조의 장인인 영안부원군永安府院君 김조순金祖淳(1765~1832)의 후원으로 연회를 열고 이를 글과 그림으로 기록한 계회도다. 계회도契會圖에는 한양 어디에서도 잘 보이는 도성의 랜드마크였던 백탑이 잘 묘사되고 있다. 조선시대 백탑과 이 주변의 공간은 시전의 중심공간이기도 했고, 18세기 박지원, 홍대용, 박제가, 유득공, 이덕무 등을 비롯한 지성인들은 백탑파를 구성하여 이곳에서 새로운 세상을 함께 꿈꾸기도 했다.

「탑동계회도」, 『탑동연첩』, 1803년(출처 : 서울역사박물관)

2
서울시 중구청, 「환구단 정문 정밀 실측조사 보고서」(조선건축사사무소, 2009); 이정주, 「世祖代 後半期 佛教的 祥瑞와 恩典」, 『민족문화연구』 44(고려대학교 민족문화연구원, 2006); 박세연, 「朝鮮初期 世祖代 佛教的 祥瑞의 政治的 意味」, 『史叢』 74(고려대학교 역사연구소, 2011).

3
『세조실록』 33권, 세조 10년 5월 2일; 『세조실록』 35권, 세조 11년 4월 7일.

4
『세조실록』 33권, 세조 10년 6월 5일.

5
『세조실록』 33권, 세조 10년 6월 12일.

6
『세조실록』 35권, 세조 11년 1월 16일. 한때 보신각종으로 사용되다가 1985년 국립중앙박물관으로 옮겨져 보존되고 있는 원각사종은 성화 4년이라는 명문이 새겨져 있어 세조 14년(1468)에 만들어진 것으로 확인된다. 따라서 세조 11년 만들어진 원각사 대종이 보신각종인지 혹은 또 다른 원각사종인지에 대해서는 학계의 다른 의견들이 있다.

7
『세조실록』 34권, 세조 10년 12월 12일.

8
『세조실록』 42권, 세조 13년 4월 8일.

9
박세연, 앞의 논문.

10
『세조실록』 41권, 세조 13년 3월 6일; 『성종실록』 290권, 성종 25년 5월 7일.

이러한 원각사는 성종 무렵부터는 왕실 사찰로서의 위상을 서서히 상실해 갔다. 성종 3년(1472)에 사찰을 지키던 수직군사守直軍士를 거둬들이는 조치를 취했고,[11] 성종 5년에는 원각사의 동남쪽 모서리에 있던 어실御室도 폐지된다.[12] 급기야 성종 19년에는 절에 화재가 나서 중수하려고 했으나 신하들의 반대로 하지 못해 원각사는 점점 더 황폐해져 갔다.[13] 이렇게 폐허로 변해간 원각사에는 연산군 때 성균관成均館을 옮겨 지으려고 했고,[14] 흥덕사興德寺를 옮겨오려고도 했으며,[15] 장악원掌樂院을 설치하기도 했다.[16] 이에 가흥청假興淸 2백, 운평運平 1천, 광희廣熙 1천의 숙소로 사용하기도 했다.

중종 2년(1507)에는 원각사터에 남아 있던 건물을 한성부 관청의 일부로 사용하기도 했고,[17] 중종 7년에는 빈터를 사대부에게 나눠주기도 했다. 또한 이곳에 의득청議得廳(의논할 때 모이는 청사)을 지으려고도 했다.[18] 그러나 원각사 터는 당시 사람들이 신명神明의 장소처럼 여겼기 때문에 이곳에 집을 짓고 사는 것을 꺼렸던 것으로 보인다.[19]

한편 원각사 터는 세종 11년(1429)의 기록을 보면 경복궁과 창덕궁 사이의 시정市井 안에 있는 장소로 설명되고,[20] 세조 10년 원각사를 창건할 때의 기록에는 시전에서도 중요한 장소로 언급된다. 즉 조선 초기부터 이 장소는 한양의 중심공간이었으며, 또한 사람들이 많이 모이는 '민民의 공간'으로 인식되었다.

이런 원각사 터는 세조 10년 중건할 때 주변의 부지확보를 위해 가옥 200여 채를 철거했다는 기록과 함께 호조가 이 터에 들어가 있어서 철거했다는 기록이 있으며,[21] 이 영역에는 시전을 관장하기 위해 설치한 관서인 경시서京市署가 포함되기도 했다. 또한 『한경지략漢京識略』에 "동정銅井은 중부 전동(典洞 : 현재의 공평동 일대) 옆 동정동(현재의 견지동 일대)에 있다. 우물 주춧돌 안에 구리가 있어서 물을 길을 때 웅웅거리는 소리가 난다. 민간에서는 이것이 옛날 원각사 우물이라고 한다."는 기록이 있는 것으로 미루어 보면,[22] 원각사 사역은 그 영역의 대부분이 일반 민가와 관서 등으로 사용되면서 축소되었다가 세조 때 중건하는 과정에서 그 영역의 일부를 회복하고, 다시 폐허로 되면서 축소되었던 것으로 확인된다.

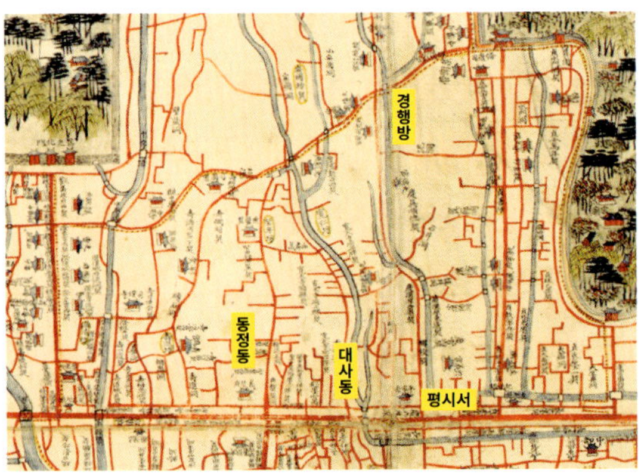

18세기 「한양도성도」에 표시한 원각사 영역 관련 명칭

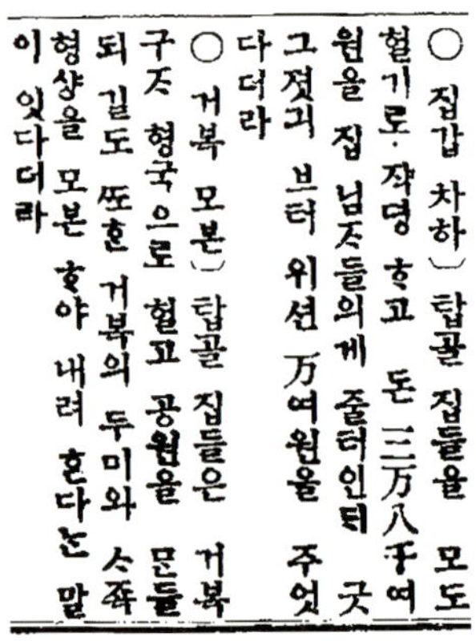
○ 집갑 차하) 탑골 집들을 모도 헐기로 작뎡 ᄒᆞ고 돈 三万八千여 원을 집 님ᄌᆞ들의게 줄터인ᄃᆡ 굿 그젹긔 브터 위션 万여원을 주엇다더라

○ (거복 모본) 탑골 집들은 거복 구ᄌᆞ 형국으로 헐고 공원을 ᄆᆞᆫ들되 길도 또ᄒᆞᆫ 거복의 두미와 ᄉᆞ족 형상을 모본 ᄒᆞ야 내려 ᄒᆞᆫ다ᄂᆞᆫ 말이 잇다더라

『독립신문』 1899년 4월 12일

11
『성종실록』 17권, 성종 3년 4월 30일.

12
『성종실록』 43권, 성종 5년 6월 15일.

13
『성종실록』 212권, 성종 19년 윤1월 13일; 『성종실록』 212권, 성종 19년 윤1월 14일.

14
『연산군일기』 54권, 연산 10년 7월 10일.

15
『연산군일기』 54권, 연산 10년 7월 15일.

16
『연산군일기』 57권, 연산 11년 2월 21일.

17
『중종실록』 10권, 중종 5년 1월 12일.

18
『중종실록』 16권, 중종 7년 7월 24일.

19
『중종실록』 20권, 중종 9년 8월 6일.

20
『세종실록』 43권, 세종 11년 1월 6일.

21
『세조실록』 33권, 세조 10년 7월 24일.

22
유본예 저, 장지연 역, 『한경지략』(아카넷, 2020), 473쪽.

원각사 비문에도 사역의 둘레가 2,000보였다는 기록으로 판단해보면, 기록에 다소 과장이 있을 것으로 보이지만 상당한 규모로 원각사가 도성 한복판 시전이 있는 곳에 입지했던 것을 짐작할 수 있다.[23]

원각사 터는 조선 후기에 들어서면 원각사가 존재했다는 기록을 알려주는 지명 정도만이 남아 유지되다가,[24] 대한제국이 출범한 지 3년째 되는 1899년 본격적으로 도시정비사업의 연장선에서 새롭게 재편되기 시작한다. 즉 조선 후기의 지도에서 보이는 옛길과 물길 등의 도시조직이 공원이 조성되면서 완전하게 재구조화되었기 때문이다. 『독립신문』의 기사에도 이러한 도시구조적 변화에 대한 내용을 언급하고 있다.

이 모습을 18세기 도성대지도와 1914년 실측 조사된 지적원도를 통해 비교해보면 조선 후기의 도시조직과는 완전히 다른 거북 모양과 같은 타원형의 몸통과 다리, 머리처럼 공원의 공간과 도로망이 바뀌었음을 확인할 수 있다.

원각사에서 석탑과 더불어 또 하나의 상징 시설물인 원각사비는 성종 2년(1471) 4월에 세운 것으로 비명에 기록되어 있다. 이와 관련하여 탑골공원의 형상이 원각사비의 거북과 관련이 있을 것으로 추정되기도 하지만 확실한 근거를 확인할 수는 없다. 다만 도상학적으로 살펴보면 거북의 상징은 일반적으로 장생에 중점을 두고 있기는 하지만, 낙수洛水에서 낙서洛書를 지고 나온 신령스러운 동물로서의 상징성도 강하다. 낙서는 하도河圖와 함께 짝을 이루는 것으로 천지 변화의 모습을 그려낸 계시 문서로서 후에 역경易經으로 정리된 중국 최초의 도서라 할 수 있고, 하우夏禹가 이를 얻어 천하를 다스리는 대법으로서의 홍범구주洪範九疇를 만들었다고 전하는데, 이는 선정을 베푸는 정치이념의 도구로써 유교적 질서와 왕도정치의 원칙이 되기도 한다.[25] 따라서 거북의 상징은 유교적 질서의 정치이념과 결부되는 의미를 갖기도 한다. 또한 거북은 이순신과 함께 임진왜란이라는 한국 역사상 가장 큰 트라우마로 기억되는 사건에 있어서 국난을 극복하는 상징적 의미도 있다고 볼 수 있다.[26]

23
1보를 대략 1.2m로 환산하면 2,400m가 되고, 이것을 다시 정사각형으로 환산하면 한 변이 약 600m인 영역이 된다.

24
일제시기에 원각사 건물로 추정되는 초석이 발견되기도 했다. 「塔洞公園內에서 圓覺寺礎石 發掘」, 『동아일보』, 1931년 6월 5일.

25
유미나, 「민화 속의 거북 도상과 상징」, 『한국민화』 Vol-No.7(한국민화학회, 2016). 대한제국의 국가 위상을 말하면서 국가가 부흥하려면 낙수의 거북 같은 감응을 수반한다고 하는 기사가 있기도 하다. 『고종실록』 36권, 고종 34년 10월 21일.

26
임진왜란 이후 수도에 환궁해 조선을 다시 일으켜 세운 기념으로 60년이 되는 주기에 맞춰서 하례를 했는데, 고종 때는 300년이 되는 해였다. 이에 60갑자 5주기 기념 하례식을 했다. 즉 임진왜란은 한국 역사에 있어서 가장 기억되는 사건이었다. 『고종실록』 30권, 고종 30년 3월 6일 무자; 『고종실록』 30권, 고종 30년 3월 20일 임인; 『고종실록』 30권, 고종 30년 10월 4일 임자.

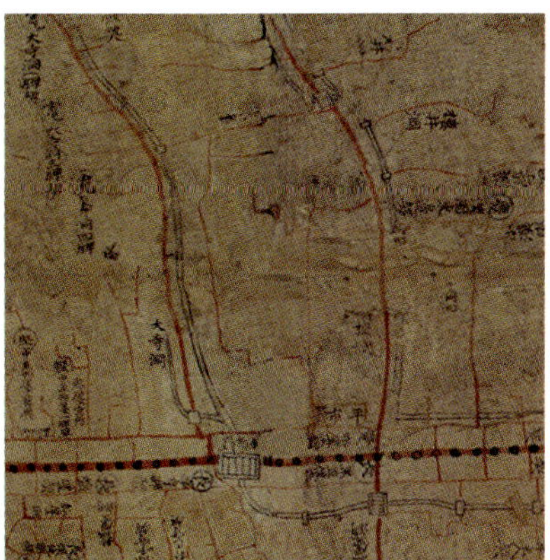

18세기 도성대지도

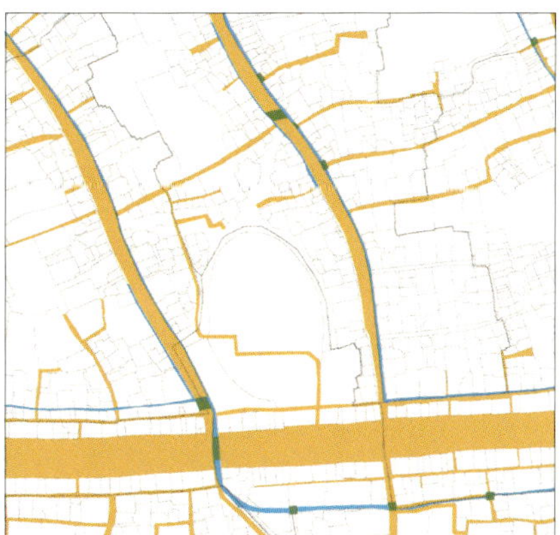

18세기 + 1914년

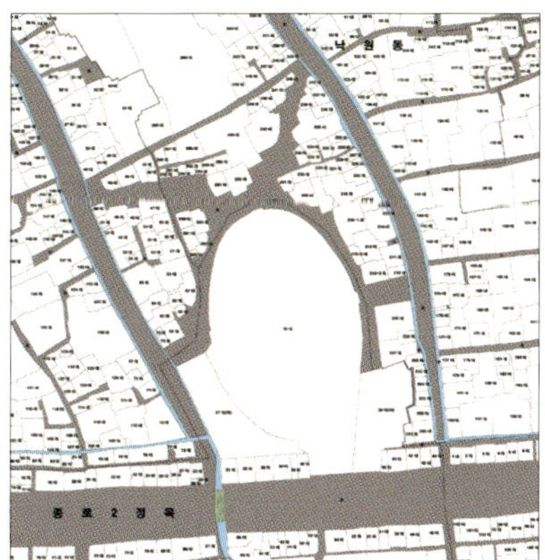

1914년 지적원도

3. 탑골, 제국의 도시공원으로

원각사 터가 도시공원으로 변모되는데 주도적인 역할을 한 사람은 해관海關 총세무사總稅務司를 역임했던 영국인 브라운John Mcleavy Brown(1835~1926)으로 알려져 있다. 당시 『독립신문』과 『제국신문』에 서양인이 탑골 경계를 측량한다는 기사[27]와 함께 브라운이 공원의 부지 마련을 위해 가옥을 속히 철거하라는 기사들이 나오기 때문이다.[28] 또한 공원 조성사업이 당시 추진되고 있던 치도治道사업의 연장선에서 진행되는 것으로 인식되고 있듯이,[29] 대한제국기 외국인들의 기록을 보면 브라운은 한성의 도시정비사업을 주도했던 인물로 소개되고 있기 때문이다.

조선의 해관을 성공적으로 발전시킨 역할을 한 사람은 경성을 수리하는 일에도 놀라운 능력을 발휘했다. 새로운 모습의 경성은 7년이 채 되지 않았지만, 맥레비 브라운씨와 지금은 전근되었지만 열정적이었던 조선인 시장은 많은 사람들이 사는 더럽고 좁은 지역을 청소하고 재건축하는 일을 시작해서 4주 안에 끝내버렸다. 도시의 이전 상태를 아는 사람들에게 이 과업은 불가능한 일처럼 보였을 것이다. 그럼에도 불구하고 특별한 변신이 일어났다. 썩어가는 골목, 겨울 동안 쌓인 모든 종류의 오물, 찐득거리는 더러움과 코를 찌르는 악취가 있는 옛 경성은 수도의 도성 안에서만큼은 거의 완전히 사라졌다. 거리는 멋지고 널찍하고 깨끗하게 잘 만들어졌으며, 하수도 시설도 잘되어 있다. 좁고 더러운 골목은 확장되었다. 도랑은 복개되었고 길은 넓어졌다. 기차, 자동차, 전기, 전신망, 기차역 호텔, 벽돌집과 유리창이 있는 경성이 마침내 동양에서 가장 흥미롭고 깨끗한 최고의 도시가 되는 것도 얼마 남지 않았다.[30]

탑골은 공원으로 조성되기 이전부터 서양인들에게 도심 속 여가 공간으로 잘 알려진 장소였던 것으로 보인다. '한국과 그 이웃 나라들'의 저자로 잘 알려진 비숍은 1894년 기분전환을 위해서 탑골에 다섯 번이나 들리기도 했는데, 이곳에 대해 다음과 같은 기록을 남기고 있다.

그 인근에는 7백 년이 넘었다고 알려진 파고다 대리석 석탑이 있다. 이 석탑은 빽빽이 들어선 주택들 뒤에 완벽하게 가려져 있는데 이 도시에서 보기 드물게 나무가 울창한 산책로를 가지고 있다. 그러나 서울의 많은 사람들은 이곳에 전혀 가보지 않은 것 같았다. 나는 기분전환도 할 겸 사진을 찍을 작정으로 거기에 다섯 번 들렀고 매번 신선한 인상을 받았다. 그러나 이 석탑 자리는 옴쭉달싹 할 수 없을 정도로 좁아서 석탑 전체를 사진에 담으려는 사람은 아마도 근처의 담으로 기어 올라가야 할 것이다. 석탑은 각층마다 면석面石에 화사한 조각이 있는데 대개 불교의 신인神人들이 새겨져 있다. 기단부의 맨 아래층은 용, 사자, 모란 등이, 2층에는 인간과 조수, 초목이, 3층에는 나한과 선인들이, 탑신부에는 불, 보살, 천인상 등이 조각되어 니르바나Nirvana에 이르는 인간 영혼의 다양한 단계를 묘사하고 있다. 그 디자인은 의심할 바 없이 인도의 것이며 중국 예술의 영향도 보인다. 이 아름다운 조각품은 옛날에 불교 사원이 있던 터에 세워져 있었다. 이는 원래 13층 석탑이었는데 제일 상층부의 3개 층이 3백 년 전

27
「四표 점량」, 『독립신문』, 1899년 3월 16일.

28
「루츠 공찰」, 『독립신문』, 1899년 5월 19일.

29
「근일에 녀항 인민의 풍설을 들은즉」, 『매일신문』, 1899년 3월 25일.

30
앵거스 해밀턴 저, 이형식 역, 『러일전쟁 당시 조선에 대한 보고서』(살림, 2010), 75~76쪽.

일본의 침략으로 떨어져 나와 지금은 훼손되지 않은 채로 석탑 옆에 놓여 있다. 그러나 내가 마지막으로 거기를 찾아갔을 때는 그사이 철없는 어린 것들이 그것을 쪼아 그 쪼가리를 떼어 기념으로 팔고 있어서 그토록 섬세하던 상층부 3개 층의 조각은 훼손되고 말았다.[31]

이런 탑골이 본격적으로 도시공원으로 조성되기 시작한 것은 1899년 무렵으로 보인다.[32]

즁셔탑골 가호를 허러공원을 만든다는말은 임의 긔재ᄒᆞ엿 거니와 다시 드른즉 작일에 셔양사롬이 와셔 계가척량 ᄒᆞᄂᆞ데 불일내로 집헐기를 시작ᄒᆞᆫ다 ᄒᆞ니 해동빈민들은 쥬접홀곳이 업셔걱경이라고들 ᄒᆞᆫ다더라 [33]

폐허가 된 탑골의 공원 계획 부지에 있는 민가의 철거 작업은 한성부가 진행했다. 이 과정에서 공원예정부지 경계 안쪽에 위치한 집들은 모두 헐리게 되었고, 집주인들에게는 총 38,000여 원의 보상금이 지급될 계획이었다. 이에 1899년 4월 초까지는 이미 보상금 중 일부인 1만여 원 정도가 지급되는 등 공원 부지 조성을 위한 철거 작업은 빠르게 진행되고 있었다.[34] 보상은 집의 구조와 상태에 따라서 차등적으로 적용됐는데, 매 간에 상등 기와집은 600냥, 중등 기와집은 550냥, 하등 기와집은 500냥씩의 보상금이 책정되었고, 상등 초가는 300냥, 중등 초가는 250냥의 보상액이 책정되었다.[35] 그러나 보상액의 규모가 부족해서, 주민들은 다른 곳에서 집을 살 수도 다시 지을 수도 없다는 불만이 높아지면서 공원 조성사업이 어떤 경위로 추진되는지 그 내막을 알려달라는 주장이 제기되기도 했다.[36]
공원 조성사업은 이곳에 거주하고 있던 주민들의 불만도 있었지만, 정부 내에서도 다툼이 있었다. 즉 한성부가 정부와 협의 없이 사업을 추진한 것에서 마찰이 생긴 것으로 보이는데, 이에 대해 당시 한성부 판윤이었던 최영하崔榮夏(?~?)는 통상적으로 사업을 먼저 추진한 후 내부에는 사후 보고를 해왔다는 해명을 하기도 했다. 그러나 정부는 한성부의 독단적인 공원 조성사업을 제지한 후, 이 일의 책임을 물어서 한성부 판윤 최영하를 견책하고 내부 기사 심의석沈宜錫(1854~1924)은 15일 감봉 조치를 취하기도 했다.[37] 심의석은 대한제국 최고의 건축가로 알려진 인물로, 원구단과 독립문, 협률사, 석조전, 정동제일교회, 배재학당 등 대한제국의 중요한 건축 공사에 직·간접적으로 참여하기도 했는데, 탑골공원을 조성하는 사업에서도 주도적인 역할을 했던 것을 알 수 있다.[38]
한편 한성부 판윤 최영하가 탑골공원 조성 건으로 견책 처분을 받은 뒤 20여 일 후인 1899년 5월 19일 『독립신문』에는 "해관 춍셰무ᄉᆞ 불아운씨가 ᄂᆡ부에 여러번 공찰 ᄒᆞ기를 탑골 집들을 쇽히 헐나고 ᄒᆞ엿다더라"는 기사가 나온다. 브라운이 정부가 중단시킨 공원 부지를 마련하기 위해 탑골 일대의 가옥 철거를 속히 진행하라는 의견을 계속해서 내부에 보냈다는 것으로 보아, 최영하가 한성부 판윤에 부임하자마자 바로 공원 조성사업을 추진한 것은 브라운의 요구가 있었음을 짐작하게 해준다.

31
이사벨라 버드 비숍, 『한국과 그 이웃나라들』(살림, 1994).

32
1899년은 대한제국에 있어서 면밀하게 살펴야 할 시기로 보인다. 이 시기에는 제국 최초의 근대적 헌법인 대한국 국제의 선포, 태조를 고황제로 추숭하고 원구단에 배향하는 등 국가와 왕권의 위상을 높이기 위한 여러 가지 일들이 추진된 시기였다.

33
「즁셔탑골 가호를 허러공원을」, 『제국신문』, 1899년 3월 14일.

34
「집갑 차하」, 『독립신문』, 1899년 4월 12일.

35
「탑골공원디 만다난 일노 허러낼 집갑슬 주되」, 『제국신문』, 1899년 4월 13일.

36
「탑골 농샹」, 『독립신문』, 1899년 4월 13일.

37
「견칙 감봉」, 『독립신문』, 1899년 4월 26일.

38
通牒 제484호(1899년 4월 25일), 奎17761-v.1-24, 議政府(朝鮮)編, 內部來文. "後. 內部技師 沈宜碩은 塔洞 민가 구매 및 철거 사업을 멋대로 진행했기에 15일 감봉에 처함. 漢城府判尹 崔榮夏는 塔洞 민가 구매 및 철거 사업을 처음부터 보고하지 않았고 멋대로 印票를 나눠줬기에 譴責함."

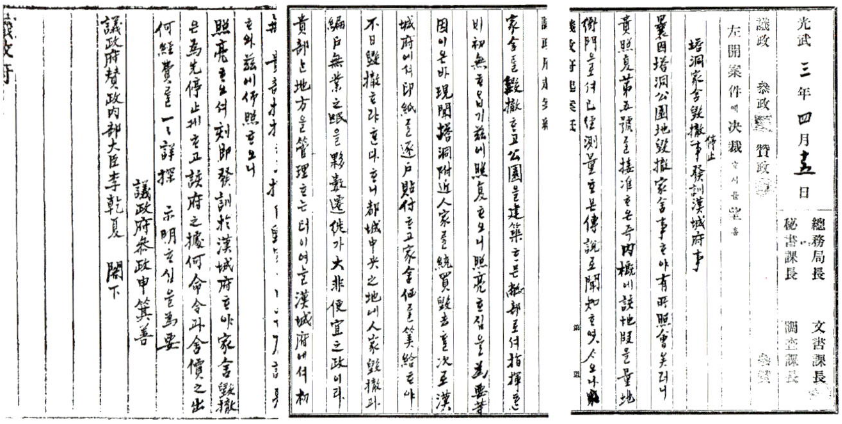

탑동에 공원건립을 위해 민가의 철거를 중지하도록 한성부에 훈령할 것을 내부에 요청하는 조회 제55호(1899년 4월 15일)[39] (출처 : 서울대학교 규장각한국학연구원)

최영하[40]는 통리아문統理衙門이 설립한 동문학교同文學校에서 수학한 바 있다. 동문학교는 영국인 할리팩스T. E. Hallifax가 교사로 재직한 곳으로, 15세 이상의 '총명한 자제'를 선발하여 영어를 가르쳤던 학교였다. 1886년 『한성주보』 기사에 따르면 최영하는 당시 동문학교에 재학하고 있었는데, 1~4등급으로 나뉜 학생 가운데 1등급에 분류될 정도로 영어에 능통한 인물이었다.[41] 그리고 1897년에는 브라운의 통변관으로 경운궁 지형 측량을 같이 진행한 일도 있다.[42] 즉, 최영하는 한성부 판윤 부임 이전부터 브라운과 친밀한 관계를 형성했던 인물로 보이고, 이런 인연으로 인해서 브라운과 함께 탑골공원 조성에 서로 협력할 수 있었던 것으로 보인다.

1899년 시작된 공원 조성사업은 여러 우여곡절 끝에 1901년 9월경 그 영역이 대략적으로 확정된 것으로 보이는데, 이 무렵 담장과 북문·남문 등이 건립되면서 공원의 물리적 경계가 확정되었기 때문이다.[44]

1903년 무렵 탑골공원 모습과 맥레비 브라운(출처 : Gertrude Bell Archive[43])

39
"照會 第五十五號
左開案件에 決裁ᄒᆞ시믈 望홈.
塔洞家舍毁撤停止事發訓漢城府事.
曩因塔洞公園地 毁撤家舍事ᄒᆞ야 有所照會矣러니 貴照覆 第五號를 接準ᄒᆞ온즉 內槪에 該地段을 量地衙門으로셔 已經測量ᄒᆞ믄 傳說로 聞知ᄒᆞ엿ᄉᆞ오나 家舍를 毁撤ᄒᆞ고 公園을 建築ᄒᆞ믄 敝部로셔 指揮ᄒᆞᆫ비 初無ᄒᆞ옵기 玆에 照覆ᄒᆞ오니 照亮ᄒᆞ심을 爲要 等因이온바 現聞塔洞附近人家를 統買毁去ᄒᆞᆯ 次로 漢城府에셔 印紙를 逐戶貼付ᄒᆞ고 家舍價를 算給ᄒᆞ야 不日毁撤ᄒᆞ라ᄒᆞᆫ다ᄒᆞ니 都城中央之地에 人家毁撤과 編戶無業之氓을 夥數遷徙가 大非便宜之政이라. 貴部ᄂᆞᆫ 地方을 管理ᄒᆞ는 터이여늘 漢城府에셔 初無貴部指揮ᄒᆞ고 擅自毁家ᄒᆞ미 甚庸訝惑ᄒᆞ와 玆에 仰照ᄒᆞ오니 照亮ᄒᆞ오서 刻卽發訓於漢城府ᄒᆞ야 家舍毁撤은 爲先停止케 ᄒᆞ고 該府之據何命令과 舍價之出何經費를 一一詳探示明ᄒᆞ심을 爲要.
議政府參政 申箕善
議政府贊政內部大臣 李乾夏 閣下
議政 參政 贊政 參贊總務局長 秘書課長 文書課長 調査課長
光武三年四月十五日"
이보다 앞서 3월 31일에는 "塔洞의 公園地建에 대해 거주민의 재산과 가옥 훼손 및 이주로 인한 피해로 중지를 요청"하는 『照會』 제46호가 있었고, 4월 6일에는 '의정부에서 중추원에 탑동공원 건설을 지시한 일이 없음을 통보'하기도 했다. 『각사등록』 근대편, 한국사데이터베이스.

40
최영하는 1887년 육영공원 사첨司籤으로 관직 생활을 시작하여, 1895년 궁내부 외사과 주사, 궁내부 참서관 겸 외사과장, 시종원 시종, 1899년 농상공부 협판, 외부협판, 한성부 판윤(겸임 한성부재판소 수반판사), 회계원경 등을 역임하였다. 1899년 7월 전 한성부 판윤으로서 당시 성행하던 도박의 일종인 채회국彩會局을 금지하지 못한 책임을 물어 면관되었다가 8월에 특별사면되었고, 1900년 1월 회계원경으로 복직되었다. 이후 외부협판, 철도원 감독, 철도원 부총재, 예식원 부장 등을 역임하였다. 한국학중앙연구원, 『한국민족문화대백과사전』.

41
「同文學校」, 『한성주보』, 1886년 2월 22일.

42
「영국 사룸 브라운씨와 통변관 최영하씨가」, 『독립신문』, 1897년 4월 6일.

43
거트루드 벨(Gertrude Margaret Lowthian Bell, 1868~1926)은 중동에서 활약한 영국의 여성 작가이자 여행가·고고학자·정치가이다. 동지중해 연안, 소아시아, 아라비아반도 등지를 여행하며 연구 활동을 하였으며, 20세기 초 영국의 대중동정책과 이라크 국가 건립에 일조했다. (『두산백과』 참고) 거트루드 벨이 남긴 자료는 영국 뉴캐슬대학에 기증됐으며, 그 가치를 인정받아서 2017년 유네스코 세계기록유산에 등재되기도 했다. 거트루드 벨은 1903년 한국과 일본을 방문하여 다수의 기록을 남겼다. 한국에서는 인천, 서울, 목포, 부산 등을 방문하고, 총 41장의 사진을 남겼다. 그 사진 가운데 맥레비 브라운의 모습과 탑골공원 조성 당시의 모습이 있다. 거트루드 벨이 서울을 방문했을 때 같은 영국 출신인 맥레비 브라운과 일정한 교류 또는 안내가 있었을 것으로 보인다. 거트루드 벨 아카이브 참고. http://gertrudebell.ncl.ac.uk

44
서울시, 「구 탑골공원 정문 정밀 실측 조사보고서」(2018), 50쪽.

탑 근처의 도시 중심에 있는 공공 공원에서 많은 작업이 조용히 이루어졌다. 공간은 정리되고 벽으로 둘러싸여 있으며 북쪽과 남쪽에 멋진 문이 건설되고 있다. 우리는 임진왜란 당시 일본인에 의해 훼손된 석탑 상층부 2개 층이 원래 자리에 속히 복구되기를 바란다.[45]

공원 경계가 확정된 이후 공원의 서남쪽에는 대한제국 군악대 시설이 들어서게 된다. 대한제국 군악대는 러시아 황제 대관식에 참여한 민영환이 고종에게 건의하여 1900년에 칙령 제59호 '군악대 설치에 관한 안건(軍樂隊設置件)'이 반포되면서 시작되었다.[46] 이후 독일인 에케르트가 1901년 2월 군악대에서 사용할 악기 52종을 가지고 경성에 도착하면서 군악대의 연주 기반이 마련됐으며, 군악대의 활동공간 확보를 위해서 1902년 탑골공원 옆으로 이전할 계획이 수립되었다.[47] 당시 이곳에는 해관부속병원으로 사용하고자 개축한 정면 5칸, 측면 2칸의 팔작지붕 건물이 있었지만 군악대시설로 변경되었고,[48] 군악대는 1903년 봄 이곳으로 이전하였다. 이후 탑골공원은 군악대의 주요 활동 무대가 되었으며, 이 무렵 공원 안에는 군악대의 연주공간을 위해 팔각정이 새롭게 세워지게 된다.[49]

1902년 9월 3일과 5일 '조회照會' 문서를 보면 브라운이 경운궁의 양식 전각과 탑골공원의 정자를 짓는데 필요한 강화석을 채취하기 위해 석장두인石匠頭人 호문조胡文藻와 일꾼들에게 돌을 채취할 수 있게 통행증을 발급해달라는 내용이 있다.[50] 이로 미루어 보아 팔각정 공사는 1902년 가을부터 추진된 것을 알 수 있다.

팔각정 공사와 관련하여 폴란드 출신의 러시아 학자인 바츨라프 세로셰프스키 Wacław Kajetan Sieroszewski(1858~1945)가 1903년 10월 방한하여 촬영한 사진에는 팔각정 주변으로 비계가 설치되어 기와 공사 중인 모습이 확인되고, 1904년 2월

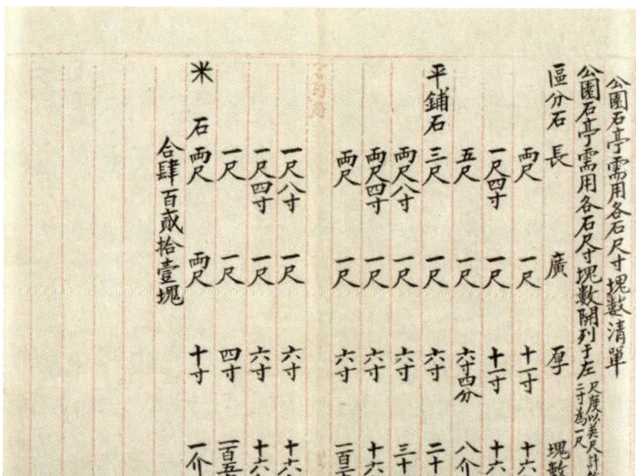
公園石亭需用各石尺寸塊數清單
公園石亭需用各石尺寸塊數開列于左 尺度以美尺計算十二寸爲一尺
區分石 長 廣 厚 塊數
兩尺 一尺 十寸 十六介
一尺四寸 一尺 十寸 十六介
五尺 一尺 六寸四分 八介
平鋪石 三尺 一尺 六寸 二十介
兩尺八寸 一尺 六寸 三十二介
兩尺四寸 一尺 六寸 十六介
兩尺 一尺 六寸 一百二十四介
一尺八寸 一尺 六寸 十六介
一尺四寸 一尺 六寸 十六介
一尺 一尺 四寸 一百五十六介
米 石 兩尺 兩尺 十寸 一介
合肆百貳拾壹塊

팔각정 건립에 필요한 강화석을 요청한 조회(1902년 9월 3일)
(출처 : 서울대학교 규장각한국학연구원)

45
이 글의 원문은 다음과 같다. A good deal of work has been quietly done on the public park in the center of the city near the pagoda. The space has been cleared and walled in, and handsome gates are being built on the north and south sides. We hope that before long the two top stories of the pagoda will be restored to their position from which they were taken down by the Japanese at the time of the great invasion. 『THE KOREA REVIEW』, vol.1. September, 1901.

46
『고종실록』 40권, 고종 37년 12월 19일.

47
「軍樂隊營門을 塔洞公園地西邊新建注屋으로 移設홀 次로方今董役ᄒ더라」, 『황성신문』, 1902년 12월 1일.

48
서울특별시 종로구, 『서울 탑골공원 종합정비계획』(2020), 55쪽.

49
도성의 한복판에 위치한 탑골공원에서 팔각정의 위치가 공원의 정중앙에 위치했다는 점에서 이 건물이 갖는 상징성과 위상을 이해할 수 있다.

50
奎19146-v.1-13, 各府郡來牒, 內藏院(朝鮮) 編.

바츨라프 세로셰프스키의 사진(좌)과 조지 로스의 사진(우)

러일전쟁이 한창이던 당시 한국을 방문한 호주인 조지 로스George Rose(1861~1942)가 촬영한 사진에는 탑 옆으로 완성된 팔각정의 모습이 보인다. 따라서 위 기록과 사진 자료들을 토대로 추론해보면 팔각정은 1902년 가을부터 건립이 추진되어 1903년 본격적인 공사를 진행하여 1904년 2월 이전에는 준공된 것으로 파악된다.[51]

한편 팔각정을 건축한 장인과 관련해서는 도편수 배희한裵喜漢(1907~1997)의 구술기록이 있다. 그는 팔각정은 광화문 앞의 고종즉위 40년 칭경기념비전과 함께 도편수 최백연에 의해 지어졌다고 말하고 있다. 최백연은 경복궁 중건과 창덕궁 수리 등에 참여한 궁궐 대목大木으로, 최원식에서 배희한으로 이어지는 장인 계보의 스승이었다.[52]

팔각정 건립 이후 석탑과 대원각사비 주변의 정비도 진행되었다. 석탑 주변으로는 동자기둥童子石柱 사이에 하엽석荷葉石을 놓고 그 위로 돌란대石欄臺를 설치했다.[53] 대원각사비 주변에는 사각형의 석지石池를 조성하고 주변을 정비했다.

이와 같이 탑골공원은 1899년 주변 민가 철거를 시작으로 1901년 9월에 담장과 문 등 경계가 만들어지고, 1903년에는 군악대가 공원 남서쪽으로 이전함과 함께 제국의 상징적인 건물로 팔각정이 군악대의 음악당으로 건립되었다. 다만, 이 당시 탑골공원은 일반인에 자유롭게 개방된 공간은 아니었다. 1904년 9월 일진회가 공개연설회를 탑골공원에서 진행하려고 했으나 브라운이 이 행사를 허락하지 않았다는 기사로 짐작해볼 때 공원을 주도적으로 조성한 브라운이 직접 관리하고 제한적으로 개방하면서 운영했던 것으로 판단된다.[54]

이것은 탑골공원의 성격이 정부 관료와 일반 대중들이 함께 모여 개방된 광장과 같은 성격의 독립문이 있는 독립공원과는 사뭇 달랐다는 것을 알게 해준다.[55] 이와 관련해 1905년 12월 이곳에 대한제국 최고의 충신으로 말해지는 민영환閔泳煥(1861~1905)과 조병세趙秉世(1827~1905)의 기념각을 세운다는 내용도 있다.[56] 을사늑약乙巳勒約에 반대하여 1905년 11월 30일 자결한, 대한제국 최초의 충忠의 공간인 장충단奬忠壇의 비문을 쓰기도 했던 제국 최고의 충신으로 말해지는 민충정공과 그를 이어 12월 1일 음독자결한 조충정공을 위해 곧바로 탑골공원에 기념각을 세우겠다는 의미에는, 물론 이 공원에 군악대 시설이 있게 된 것에 대한 감사의 의미와

51
서울특별시 종로구, 『탑골공원 팔각정·오운정』(2011), 60쪽.

52
배희한은 최백연催伯淵을 최백현이라고 했다. "우리 선생님은 당신 큰아버님한테 목수일 뱄다더군. 최 백현씨라구 그이두 잘했다더군. 저기 탑골 공원 팔각정, 초이무릿궁 그거하구. 지금은 새루 했지만 그전에 있던 세종로 기념비각 그것두 우리 선생님 백부가 지었다는 집이지." 배희한 구술, 이상룡 편집, 『이제 이 조선톱에도 녹이 슬었네』(뿌리깊은나무, 1981), 40쪽. 팔각정 건립과 관련해서는 당시 내부 기사였던 심의석이 공사를 주도하고 최백연은 목수로 참여했을 것으로 추정하는 견해도 있다.

53
석탑 주변의 돌난간은 일제강점기에 그 사이를 벽돌로 막고 난간 위에는 다시 철 난간을 덧붙였으나, 해방 이후 철 난간과 벽돌은 다시 제거되었다. 참고로 돌난간의 모습은 대한제국기와 일제강점기의 모습이 약간 다르다.

54
「공원불허」, 『대한매일신보』, 1904년 9월 1일.

55
독립협회 등 많은 대중이 참여해서 진행한 기공식이 신문 기사 등을 통해 발표되면서 추진된 독립공원과는 달리 특별한 개기식이나 공원 조성에 대한 기록이 잘 알려지지 않았던 점, 그리고 공원의 상징적인 건축물이 팔각정인 점은 처음부터 두 공원의 성격이 처음부터 달랐음을 짐작하게 한다.

56
「建閣有基」, 『대한매일신보』, 1905년 12월 12일.

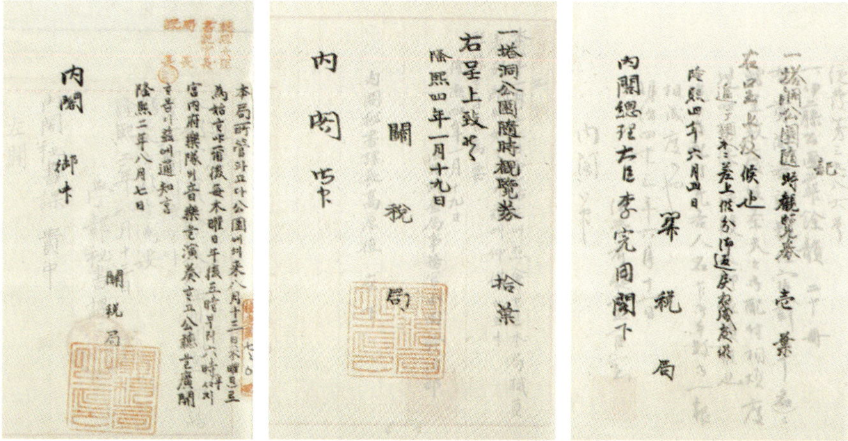

1908년 8월 7일 궁내부 악대의 탑골공원 연주회 개최를 알리는 공문(좌)
1910년 1월 19일과 6월 4일에 탑골공원 수시관람권을 보낸다는 문서(중앙, 우)
(출처 : 奎17755-v.1-7, 『內閣往復文』)

서양문명의 도입이라는 상징적인 명분도 있을 수 있겠지만 그보다는 대한제국과 고종에게 이 공원이 갖는 의미와 상징성이 매우 중요했음을 짐작하게 해준다.

한편 1904년 10월 탁지부度支部 고문관으로 메가타 다네타로目賀田種太郎가 취임하자 그는 군악대의 연주를 일반에게도 공개하기 위해 탑골공원을 새롭게 정비하기 시작했다. 본래 팔각정이 군악대의 연주공간으로 사용되고 있었으나, 탑골공원 동북쪽에 바가지형瓠子式 목재 음악당을 세워서 군악대의 새로운 연주공간으로 삼았다.[57] 탑골공원이 처음에는 서양인이나 신분 높은 관리를 대상으로 개방하여 음악회를 개최하였으나 새로운 음악당이 건립된 이후부터는 일반인들에게도 연주회가 공개되었으며, 이후 공원은 군악대의 음악회뿐만 아니라 연설, 토론 등을 위한 집회 장소로도 사용되기 시작했다.[58]

식민지기가 시작되는 1910년 무렵 탑골공원은 기존 남문과 주변 담장이 철거되고 종로와 만나는 곳에 새로운 문이 설치되었다. 국가기록원 소장의 「파고다공원문급책설계도パゴダ公園門及柵設計圖」를 보면 정문은 상부에 원형 조명을 설치하고 철문을 달았다.[59] 이 정문은 1967년까지 존재했었지만 1969년 3·1절 50주년을 기념하여

파고다공원문급책설계도(출처 : 국가기록원)와 현재 남아 있는 정문 기둥

57
김해경 외, 「설계도서를 중심으로 본 1910년대 탑골공원의 성립과정」, 『한국전통조경학회지』 31-2(한국전통조경학회, 2013), 108쪽; 김규도, 「대한제국 군악대의 흥망과 잡지 『동명』 게재의 전모」, 『국악원논문집』 36(국립국악원, 2017), 418쪽.

58
서울특별시 종로구, 『서울 탑골공원 종합정비계획』(2020), 56쪽.

59
김해경 외, 앞의 논문, 111쪽.

서울시가 독립선언기념탑을 세우면서 자라나는 학생들에게 독립정신을 높여준다는 취지로 기둥 4개를 서울대학교 법과대학 교문 기둥으로 기증하였다.[60] 이후 1975년 서울대학교 법과대학이 관악캠퍼스로 이전하면서 현재는 서울대학교 사범대학 부설초등학교 교문 기둥으로 남아 있다.[61]

4. 식민도시민의 일상공간으로

대한제국을 강제 병합한 후 총독부는 1911년 4월 1일부터 일반인들에게도 공원을 개방했다.[62] 개방은 일요일에만 이루어졌는데, 매일 개방이 이루어진 것은 1913년 7월 27일부터였다. 초기에는 오전 8시부터 오후 7시까지, 그리고 한 달 후인 8월 29일부터는 개방 시간을 오후 11시까지 연장하는 한편, 일요일 밤에는 육군 군악대와 이왕가 양악대의 음악 연주도 진행되었다.[63] 또한 공원 내에 매점茶店 운영을 공모하여 아오키도青木堂[64]가 운영업체로 결정되었고, 1914년 공원에 카페 파고다塔茶園라는 음식점이 세워졌다.[65]

1914년을 전후로 탑골공원이 일반에 개방되고 상업 시설이 들어서는 등 공원 사용이 활발하게 전개된 것은, 이 무렵 본격적으로 진행된 경성의 식민도시화 정책과 궤를 같이하는 행보로 보인다. 일례로 1915년 공진회 개최 기념 경주대회의 출발 예정지로 탑골공원이 선정되는 등[66] 총독부의 각종 행사 개최지로 탑골공원의 이용이 활발히 이루어지게 되었다. 또한 1916년 종로 야시夜市의 개장과 함께[67] 경성 시민은 야시 이후 야간 개방을 한 탑골공원에 들러 도심 속 야경을 즐기고 휴식을 취하기도 하는 등 탑골공원은 식민도시민들의 일상적인 삶 속으로 다가오기 시작했다.

이와 더불어 탑골공원은 1916년에 이르러 공원 동북쪽에 있던 바가지형 음악당을 철거하고 용산군사령부에 있던 음악당을 이전해 왔다.[68] 이 음악당은 과거 용산군사령부 내에 있었지만 용산주차군龍山駐箚軍 음악대가 없어지게 되자 기존의 바가지형 음악당을 대체하기 위해 탑골공원으로 이축된 것이다.

카페 파고다 모습(『매일신보』 1914년 6월 7일)

60
안내문에 있는 교문 기둥의 유래를 인용하였다.

61
이 정문은 2016년 10월 5일 '구 탑골공원 정문'이라는 명칭으로 서울특별시 문화재자료 제68호로 지정되었다.

62
「塔洞公園開放」, 『매일신보』, 1911년 4월 2일.

63
「탑동공원의 개방, 탑골공원을 열어, 오는 공일날부터」, 『매일신보』, 1913년 7월 26일.

64
아오키도는 1914년 남대문통에 세워졌다. 당시 경성을 대표하는 양식당이자 서양 식료품 등을 판매하는 곳이기도 했다. 본점은 도쿄에 있었다. 당시 경성지점장은 사장 구보전민삼久保田敏三(쿠보타 토시미)의 동생 구보전금지진久保田金之進이었다. 『大京城都市大觀』(朝鮮新聞社, 1937).

65
「塔洞카페」, 『매일신보』, 1914년 6월 7일.

66
「대공진회: 산야횡단 대경주, 21일에 거행할 굉장한 대경주」, 『매일신보』, 1915년 10월 12일.

67
서울특별시 시사편찬위원회 편, 『(국역)경성부사』 3(2014), 402쪽.

68
1916년 탑골공원으로 이축된 음악당은 이전 음악당이 바가지형 모양을 하고 있던 것과 달리 '가제보' 형식으로 만들어졌기 때문에 기존 연구에서는 '가제보형 음악당'이라고 지칭했다. (김해경 외, 앞의 논문, 115쪽) 여기서 가제보gazebo는 서양식 정자를 지칭하는 것으로, 일반적으로 팔각형 평면에 지붕이 덮여져 있고 기둥 사이는 개방되어 사방을 바라볼 수 있는 구조를 한다. 가제보라는 단어는 '보다'라는 뜻의 'gaze'와 라틴어 미래시제 'ebo'를 붙여 만들어졌다.

음악당의 위치와 모습(출처 : 국가기록원, 서울역사박물관)

이러한 공원 사용의 변화 속에서 현재 탑골공원의 장소성을 규정하는데 가장 큰 영향력을 미친 사건이 1919년 발생하게 된다. 그것은 탑골공원이 3·1운동의 시발점이 된 사건이었다.[69] 당시 공원에서 집회가 열릴 것이라는 벽보가 거리 곳곳에 붙었고, 정오가 지나면서 공원에는 학생들을 비롯해서 많은 군중이 모여들었다. 오후 2시경 학생 등 약 1,000여 명이 모이자 공원에서 한 사람이 독립선언서를 낭독, 배포하고 군중들은 함께 대한독립만세를 외쳤다.[70] 이때부터 탑골공원은 3·1운동의 상징적인 공간이 되었다. 총독부는 만세운동의 시발점인 탑골공원을 폐쇄하여 혹시 모를 독립운동이 이곳에서 다시 일어날 수 있는 가능성을 차단하고자 했다. 그러나 공원 폐쇄는 이미 시민들에게는 일상의 공간이 되었기에 오래 지속되지 못하고 1919년 6월 7일부터는 오후 8시까지 공원을 다시 개방하게 되고, 1920년 4월 20일부터는 밤 12시까지 개방하였다.[71]

방정환方定煥(1899~1931)은 1922년 『개벽』에 '잔물'이라는 필명으로 경성의 여러 공원을 둘러본 소감을 투고했는데, 탑골공원도 그 대상 중 하나였다. 그가 남긴 글을 통해서 1920년대 초반 경성 사람들이 즐겼던 탑골공원의 정취를 생생히 엿볼 수 있는데, 글에 의하면 대략 밤 10시 전에 공원 문을 들어서 팔각정을 보고 서쪽으로 돌면서 연못을 보면서 이곳에 있는 2층의 양요리집 승리勝利를 지나 북문과 탑, 근처의 음악당을 돌아 동문과 원각사비를 보고 다시 정문으로 와서 부근의 온실과 정자를 본 다음 12시쯤 정문을 통해 나가는 동선으로 되어 있다.[72] 이처럼 탑골공원은 경성부민의 일상의 공간으로 깊숙이 자리 잡아 가고 있음을 알 수 있고, 학생들은 이곳을 일본의 우에노공원에 비견하여 공원의 연못과 다리를 시노바즈노이케不忍の池를 본 따 불인지不忍池와 관월교觀月橋로 부르기도 했다.[73]

한편 3·1운동 이후 탑골공원은 끊임없이 '그해 3월'을 떠올리는 매개체로 호명되었다. 매년 3월이 되면 신문에는 봄을 맞는 사진이 자주 등장했는데, 총독부 기관지인 『매일신보』에는 주로 남산이나 장충단 등지의 벚꽃 풍경이 많이 실린 반면, 조선인을 대상으로 하는 『동아일보』나 『조선일보』에는 탑골공원이 자주 등장했다. 물론 탑골공원은 당시 시내 중심부에 위치한 도시공원으로서 당연할 수도 있었지만, 민간

69
국사편찬위원회 삼일운동 데이터베이스(http://db.history.go.kr/sami).

70
탑골공원에서 독립선언서를 낭독한 인물에 대해서는 여러 가설이 있다. 지금까지 일반적으로 알려진 것은 경신학교를 졸업한 정재용鄭在鎔이 독립선언서를 낭독했다는 것이다. 정재용 선생은 해방된 지 10년쯤 지난 1956년 한 일간지에 3월 1일 공원에서 독립선언서를 낭독한 사람이 자신이라고 주장하는 글을 올린 이후 수차례 같은 주장을 공개적으로 밝힌 바 있다. 그러나 이후 독립선언서 낭독자가 경성의전 재학생 대표로 3·1운동 만세시위를 주도한 '한위건'일 가능성이 높다는 주장도 제기되었다. 현재 국사편찬위원회는 3월 1일 탑골공원 독립선언서 낭독자로 특정 인물을 단정하고 있지 않다.

71
「塔洞公園夜開 오후 여덟시까지」, 『매일신보』, 1919년 6월 12일; 「공원문 여는 시각」, 『동아일보』, 1920년 4월 28일.

72
「公園情操, 夏夜의 各 公園」, 『개벽』 제26호, 1922년 8월 1일.

73
박승진, 「모던보이, 공원을 거닐다」, 『공원을 읽다』 (나무도시, 2010).

언론에 '3월의 탑골공원'이 자주 등장한다는 것은 당시 조선인들에게 특별한 의미로 와 닿았을 것으로 짐작된다.[74] 또한 신문에 실린 탑골공원의 사진에도 해마다 조금씩 차이는 있었지만 공통적인 모습이 있었는데, 그것은 3월 1일 독립선언서가 낭독된 팔각정만큼은 항상 사진 속에 등장했다는 점이다. 이처럼 1920년대 팔각정은 '그날'의 기억을 떠올리게 하는 상징물이 되어 있었다.[75]

3·1운동 직후부터 경계의 대상이 된 탑골공원은 1926년 6·10만세 운동이 일어나자 용산 조선군사령부가 이곳에 임시사령본부를 설치한다. 조선군사령부의 보병, 기병, 포병 등 약 5천 명이 출동해서 시내 각 중요 지점을 경계했는데, 특히 탑골공원은 '기미년 운동이 발발'했던 곳이기 때문에 공원 안에는 많은 병사들로 꽉 채워지기도 했다.[76]

이와 함께 1920년대 중반 이후에는 황폐해져 가는 탑골공원의 폐지설도 흘러나왔다.[77] 북부 조선인의 유일한 공원인 탑골공원은 3·1운동이 일어난 장소였기 때문에 총독부는 후문을 닫고 공원도 방치한 채 제대로 관리하지 않았다.[78] 이에 1928년에 들어와서는 경성부협의회에서 탑골공원에 대한 실태와 관리에 대한 문제가 언급되기도 했고, 3월 16일 오후 2시부터 열린 부협의회에서 한만희韓萬熙(1896~1941) 의원은 탑골공원이 요정 승리의 정원처럼 이용되고 있음을 제기하면서 경성부민이 이용하도록 해야 한다고 주장하기도 했다.[79]

당시 경성부는 1926년 1월 12일 부윤 명의로 총독부에 탑골공원의 이관을 요청한 상태였는데, 이에 대해 총독부에서도 탑골공원을 경성부에 이관해 주기로 결정했었다. 하지만 문제는 탑골공원 내에서 영업하고 있던 승리라는 요리집이었다. 총독부가 공원 소유권을 경성부에 넘겨주기 위해 요리집 승리에 퇴거명령을 내렸지만 승리는 이전하지 않고 계속 영업하면서 버텼기 때문이다. 이렇게 공원의 이관 문제가 해결되지 못하고 있는 상황 속에서 먼저 해결된 것은 그동안 닫혀있던 공원의 뒷문(북문) 개방이었다. 1928년 5월 경성부 내무과에서 총독부와 교섭하여 우선 1919년 이후 닫혀 있던 공원의 뒷문을 열기로 합의했던 것이다.[80] 이에 1928년 6월 5일부터는 공원의 뒷문이 개방되었다.[81]

이렇듯 1920년대 중반 이후 방치된 채로 제대로 관리되지 않고 있던 탑골공원은 1932년 총독부로부터 경성부로 소유권이 이관된다는 소식과 함께 정비에 대한 관심이 부각되기 시작했다. 총독부에서 경성부로 소유권이 이관된 것은 그해 12월 21일이었다. 우선 경성부는 승리라는 요리집을 헐고,[82] 탑골공원을 아동공원으로 만든다고 발표하였다. 이로써 탑골공원은 3·1운동이 일어난 '민족공원'에서 '아동공원'으로의 변모를 맞이하게 되었다.[83]

경성부는 탑골공원을 아동공원으로 정비한다는 계획하에 1933년 4월부터 정문에서 정면에 보이는 곳에 화단을 만들고, 북문 앞에 있던 요리집 승리가 철거된 약 5백 평의 자리에는 아동유원지를 만드는 것으로 해서 공사를 착수했다. 신문에는 공원 한가운데에 분수대를 설치한다는 소식을 전하기도 했다.[84] 공사는 1933년 6월 무렵 완료되었는데, 그 정비사항은 창경원 아동유원지와 같았다고 한다.[85] 아동유원지로 변모된 탑골공원의 모습은 어효선魚孝善(1925~2004)이 쓴 『내가 자란 서울』을 통해 엿볼 수 있다.

74
염복규, 「탑골공원, 근대적 대중 공간의 탄생과 서울 시민들의 이용」, 『서울역사강좌 4-근대 문화유산과 서울 사람들』(서울역사편찬원, 2017).

75
1923년 3월 잡지『개벽』에는 공원의 랜드마크인 팔각정을 의인화하여 "팔각정아 기억하겠느냐? 그때의 그 일을? 그때의 그 일을 기억하겠느냐?"고 묻고 있다. 게다가 메이지유신 이후 새롭게 건립된 서양식 공원으로서 일본의 국민공원이라고 할 수 있는 우에노공원上野과 히비야공원日比 등에 대비하여 탑골공원의 존재를 언급하면서 "우리는 영원히 너를 자랑한다."라고 말하고 있다. 따라서 이 무렵 탑골공원은 단지 물리적 존재로서의 도시공원뿐만이 아닌 3·1운동이 발생한 장소로서 '민족의 공원'이 되었음을 알 수 있다. 「봄을 맞는 塔洞公園」, 『개벽』 제33호, 1923년 3월 1일.

76
「군대시위행렬」, 『동아일보』, 1926년 6월 12일; 「本府 신청사 군대경비, 탑골공원에도」, 『매일신보』, 1926년 6월 12일; 「要所만 경계하고 군대는 대부분 철회」, 『조선일보』, 1926년 6월 13일.

77
「경성부내의 소공원, 후보지는 곳곳이 모다 말성」, 『조선일보』, 1925년 4월 26일; 「말하기도 실타」, 『조선일보』, 1926년 7월 3일; 「폐지설 전하는 탑동공원!」, 『동아일보』, 1927년 11월 9일.

78
尖口生, 「京城雜話」, 『개벽』 제69호, 1926년 5월.

79
「塔公園後門閉은 『○○萬歲』 防止策」, 『조선일보』, 1928년 3월 18일.

80
「주인 밧구는 탑동공원!」, 『동아일보』, 1928년 5월 31일.

81
「10년 만에 열린 탑동공원 후문」, 『동아일보』, 1928년 6월 6일; 「탑동공원 후문을 작일부터 개방」, 『매일신보』, 1928년 6월 6일.

82
2년 이상 사용료가 체납되어 있던 승리는 경성부와 협의하여 수속을 완료. 「パコタ公園 京城府に移管」, 『釜山日報』, 1928년 12월 8일.

83
「탑동공원 면목을 일신」, 『동아일보』, 1932년 12월 14일; 「탑골공원에 아동유희장」, 『동아일보』, 1932년 12월 22일; 「면목일신하는 탑동공원」, 『조선일보』, 1932년 12월 23일.

84
「塔洞公園의 新裝」, 『조선일보』, 1933년 5월 10일.

85
「탑동공원 아동유원지 6월 말경에 공사가 완료」, 『조선중앙일보』, 1933년 5월 20일; 종로구청, 『서울 탑골공원 종합정비계획』(2020), 65쪽.

공원 뒷문 개방
(『매일신보』 1928년 6월 7일)

아동유원지가 된 탑골공원에 모인 아이들
(『조선일보』 1934년 12월 28일)

탑골공원 내 아이스크림 판매
(『조선일보』 1934년 4월 17일)

뒷문을 보고서서 왼쪽은 연못이던 것을 메우고 만든 어린이 놀이터였다. 그네, 미끄럼대, 시소, 빼빼이, 정글짐, 철봉 들이 있고, 모래밭이 있었다. 그 다음이 공중변소이다. … 복판에 떡 버티고 선 건물이 있다. … 이 팔각정 안에서 아이들이 뛰놀았다. 술래가 아이를 치면 술래를 면하는데, 기둥을 짚고 있으면 못 친다. 돌층계에서는 먼저 올라가기 내기를 했다. 가위바위보를 해서 이긴 사람이 한 단씩 올라가는 것이었다. 공원 뒷문 밖은 넓은 길이자 마당이다. 담 밑으로 돌아가면서 여러 장수들이 진을 쳤다. 여름에는 리어커에다 차린 빙수 장수와 아이스크림 장수, 과일 장수는 땅바닥에다 거적을 깔고 벌여 놓았다. … 팥빙수도 있다.[86]

한편 1920년대 들어 총독부는 일본에서 라디오방송 설립이 추진되자 이에 관심을 갖고 총독부 체신국에 무선실험실을 설치하여 1924년 11월 무선시험방송을 시작했다. 이후 1925년 6월부터는 출력 20w로 매주 4회 정기적인 시험방송을 실시하였다.[87] 하지만 조선인을 위한 방송 설치는 거의 이루어지지 않아 수신이 어려웠고, 이에 조선인이 많이 모이는 탑골공원에 1926년 7월 8일 수화기를 설치하여 첫 시험방송을 시작하였다.[88] 이후 7월 15일 오후 7시부터 시작된 방송에서는 조선가곡을 포함한 음악프로그램이 선보이기도 했다. 그러나 1927년 경성방송국JODK[89]이 설립되어 정규방송이 개시되자 탑골공원에서 흘러나왔던 체신국의 라디오 방송은 더 이상 시행되지 않았던 것 같다.

이후 1933년 6월 함경남도 북청에 사는 조선인 청년 박기효朴基孝(1897~?)[90]가 경성에 왔다가 황폐해진 탑골공원을 보고 공원 미화에 힘써 달라고 경성부에 기부금 1천 원을 전달하게 된다. 경성부는 이 기부금으로 탑골공원에 라디오를 설치했다. 이때 설치된 라디오는 『조선과 건축朝鮮と建築』에서 그 모습을 확인할 수 있는데 라디오 탑에는 경성방송국을 상징하는 JODK가 선명하게 적혀있다. 탑골공원의 라디오 탑 설치는 1933년 4월부터 한국어 전용 방송인 제2방송이 시작된 것과 무관치 않아 보인다. 즉 탑골공원의 라디오 탑 설치와 관련해서 3·1운동 이후 방치되다시피 했던 탑골공원이 1930년대 들어와서 아동유원지나 대중의 공간으로 갑작스럽게 변모되는 과정에는 총독부의 식민 통치 전략이 작용한 영향으로 보인다.

86
어효선, 『내가 자란 서울』(대원사, 1990), 86쪽.

87
김영희, 「일제시기 라디오의 출현과 청취자」, 『한국언론학보』 46-2(한국언론학회, 2002), 154쪽.

88
「탑동공원 내에 라듸오 설비」, 『동아일보』, 1926년 7월 8일; 「탑동공원에서 『라듸오』 공개」, 『조선일보』, 1926년 7월 8일.

89
1927년 2월 16일 호출부호 JODK로, 출력 1kw, 주파수 60kHz로 일본인에 의해 서울 정동에 최초로 세워졌다. 일본은 한반도 통치의 수단으로서 방송국 설치의 필요성을 인식하여, 1924년 11월 조선총독부 체신국에 무선실험실을 설치하고 첫 송신으로 시험방송전파를 발사한 이후 2년 3개월여에 걸친 정기시험방송 단계를 거쳐 1926년 11월 30일에 사단법인으로 설립, 방송무선전화시설을 인가하였다. 처음에는 우리 말과 일본어 방송시간 비율이 1:3으로 되었다가 그해 7월에 2:3으로 비율을 바꾸어 교대로 방송하였다. 전국 방송망을 구축하기 위해 1932년 사단법인 조선방송협회로 명칭을 바꾸었다. 1935년 경성중앙방송국으로 개칭하였고, 1937년 중일전쟁과 1941년 태평양전쟁이 발발하면서 방송은 전쟁수단을 위한 도구로 통제당했다. 광복 이후 서울중앙방송국으로 개칭되었다가 공영방송 KBS의 모체가 되었다. 한국학중앙연구원, 『한국민족문화대백과』.

90
박기효는 함경남도 북청 출생으로, 1912년 북청공립보통학교를 거쳐 북청공립농업학교를 졸업했다. 1914년 4월부터 1916년 3월까지 같은 학교 농업조수를 일한 후, 1918년까지 산십조제사회사山十組製絲會社에서 일했고, 이후 고향인 북청에서 미곡무역상을 경영했다. 1925년부터 공흥共興(주), 북청전등(주), 함흥택시(주), 대창산업(주) 등 여러 기업체에서 감사와 이사를 지냈다. 1937년 중일전쟁 이후 수차례 거액을 헌납하면서 일제의 전쟁 수행에 협력했다. 해방 후 조선 재계의 유력자를 망라하여 결성한 보국기금 실행위원회의 위원 등으로 활동했다. 친일인명사전편찬위원회, 『친일인명사전』 1(민족문제연구소, 2009), 867~868쪽.

라디오 탑 모습(출처 : 『朝鮮と建築』 12집 11호, 1933) / 1958년 탑골공원에 있는 라디오 탑 모습

아동유원지를 창경원과 유사하게 만든다는 점에서 짐작할 수 있듯이 대한제국을 상징하는 장소에 근대의 문화시설을 설치한다는 명목하에 애초의 장소가 갖고 있던 의미는 변형되고, 대중은 이러한 새로운 기능이 주입된 것을 경험하면서, 기존에 있던 장소의 의미는 희미해져 버린다는 점이다.[91]

식민지기 탑골공원은 종로 일대에 위치한 도시공원이어서 조선인이 많이 모이는 장소이기도 했다. 그래서 탑골공원에서는 재미있는 이야기를 해주는 이야기꾼들도 모여들어 사람들의 발길을 멈추게 하곤 하였다. 그러다 보니 다양한 이야기를 나누는 '이야기 도가都家'가 되기도 했다. 탑골공원이 식민도시민의 일상생활을 이야기하는 장소로도 기능했기 때문에 이곳에서는 '언론의 자유'가 있다고까지 이야기할 정도였다.[92] 또한 공원에는 남의 사주를 봐주는 '사주쟁이'들도 모여들었다. 그래서 당시 불확실한 자신의 미래를 점쳐보기 위해 젊은이들도 속속 모여들곤 하였다.[93] 이렇듯 탑골공원은 식민지기 도시민의 일상 공간 속으로 자리 잡아 갔다. 이런 일상 속 도시공원의 기능을 하는 반면에 식민지 후반부로 가면 시국강연회도 열리고, 전몰장병위령제와 출정군인 가족 위로회 등도 개최되는 등 정치적 선전의 장으로도 사용되었다.[94]

5. 광복 후, 중첩된 기억공간으로

광복 직후 탑골공원에 있던 원각사지10층석탑의 상부가 복구되었다. 상부 3개 층이 분리되어 있던 것을 학무국 교화과장 미군 라이언 소좌가 1946년 2월 17일 오전 11시부터 복구작업을 시작하여 19일 11시 중수 공양식을 끝으로 마무리하였다.[95] 복구공사 과정에서 석탑의 조각가가 18세 김석동金石同이라는 사실이 밝혀지기도 했다.[96] 이로써 조선시대 이래로 불완전 상태에 있던 탑골공원의 상징인 백탑은 완전한 모습으로 재탄생되었다.[97] 광복 직후 어수선한 상황 속에서도 탑골공원의 탑이 빠르게 복구될 수 있었던 것은 고유섭이 말한 것처럼 조선의 미술공예품 가운데 이 탑이 갖는 위상이 매우 높았음을 말해준다.[98]

91
한편 조선체육협회는 체신국방송협회 등과 협력하여 전 조선 라디오 체조회를 개최할 계획을 세웠다. 1935년 이후 전국 각지에서 라디오 체조가 시작되었고, 1937년 중일전쟁 이후에는 국민의 체력향상을 도모하기 위해 라디오 체조가 전국적으로 확산되었다. 1938년 경성부에서도 라디오 체조가 8개소에서 진행되었다. 개최 장소는 박문사 광장, 조선신궁 광장, 경성부청 앞, 사직공원, 전기학교, 철도관사, 가토加藤신사, 탑골공원 등 8개소였다. 「라디오체조에 참가자 백십오만」, 『동아일보』, 1935년 11월 9일; 「"국민체조"를 勵行! 후생은 강장한 신체로부터」, 『동아일보』, 1939년 1월 17일; 「시내 8개소에서 라디오체조 개시, 自21일 매 朝6시부터」, 『조선일보』, 1938년 7월 22일. 이때 설치된 라디오 탑의 모습은 1958년 사진 속에서도 확인되고 있는 것으로 보아 광복 후에도 존재했음을 알 수 있다. 라디오 탑은 1960년대 공원 정비과정에서 사라진 것으로 추정된다.

92
「(1日1畵) 언론자유는 빠고다괴원에만」, 『조선일보』, 1930년 4월 13일.

93
이태준, 「고향(7)」, 『동아일보』, 1931년 4월 28일. (전정은, 「문학작품을 통한 1930년대 경성중심부의 장소성 해석:박태원 소설 「소설가 구보씨의 일일」을 바탕으로」(서울대학교 석사학위논문, 2012), 127쪽 재인용).

94
「재향군인회 주최로 시국대강연회」, 『조선일보』, 1937년 7월 15일; 「戰歿將兵慰靈祭와 遺家族慰安會」, 『조선일보』, 1939년 7월 31일.

95
「半身風霜의塔洞寶塔 三一 앞두고全身更續」, 『동아일보』, 1946년 2월 17일; 「파고다公園의多寶塔」, 『동아일보』, 1946년 2월 18일; 「解放된" 첫"봄에 全身차진多寶塔」, 『동아일보』, 1946년 2월 20일.

96
「少年彫刻家의作品」, 『조선일보』, 1946년 2월 18일.

97
『한경지략』에는 석탑 상층부가 임진왜란 때 왜구들이 가져가기 위해 내려놓았다는 기록이 있다. 유본예 저, 장지연 역, 앞의 책, 431~432쪽.

98
「내자랑과내보배 우리의 美術과工藝」, 『동아일보』, 1934년 10월 20일.

복구 중인 석탑(출처 : 국립중앙박물관)

손병희 선생 동상 제막식(출처 : 서울역사아카이브)

한국전쟁 직후에는 여러 기념탑과 동상 등이 세워지기 시작했다. 먼저 1956년 3월 31일 오후 2시에 이승만 대통령 동상 제막식이 팔각정 앞에서 개최되었다. 동상은 대한소년화랑단에서 '조국독립의 은인 이승만 대통령의 모습을 온 겨레가 우러러 볼 수 있게 하겠다'는 취지에서 세운 것이었다. 동상은 길이 8척에 축대 높이 12척의 총 20척으로, 조각은 문정화씨가 담당했다.[99] 탑골에 이어 같은 해 8월 15일에는 남산 조선신궁이 있던 자리에도 이승만 대통령 동상이 세워졌는데, 이 동상들은 1960년 4·19혁명 이후 차례로 철거되었다.[100]

1955년 1월 15일에는 3·1정신 선양회 중앙총본부에서 3·1독립운동기념탑을 세우기 위한 건립촉성회를 구성하여 같은 해 7월 탑골공원에 세우기로 결정하였다.[101] 이에 따라 1959년 8월에 건립위원회가 발족되었고, 위원회에서는 이승만 대통령을 총재로 함태영 전 부통령을 부총재로 추대하고,[102] 1960년 3월 1일 기공식을 거행하여[103] 1963년 8월 15일 제막식 행사를 했다.[104] 이 행사에는 3·1운동 유공자인 스코필드 박사가 참석하기도 했다.[105] 그러나 이 기념탑은 1979년 철거되어 방치되어 오다가 현재는 서대문독립공원 정문 독립광장 옆에 3·1독립선언기념탑으로 세워져 있다.[106] 1966년 5월 19일에는 손병희 선생 제44주기를 맞아 동상 제막식도 거행되었다. 동상은 의암선생기념사업회가 주관하여 진행하였으며, 이승만 동상에 이어 이것도 문정화씨가 제작을 담당하였다.[107]

이와 같은 탑골공원 내부의 많은 변화와 함께 공원의 경계 공간에도 큰 변화가 있었다. 그것은 1966년 8월 서울시에서 탑골공원을 유료 공원으로 하면서, 공원 경계에는 아케이드를 설치하고, 공원 안에는 휴식처, 분수, 선열들의 동상 등을 건립한다는 개발계획이었다. 이것은 1967년 2월 말 구체적인 계획이 발표되었는데, 이에 따르면 공원 경계에 아케이드로 울타리를 만들고, 울타리 안쪽 벽에는 민족대표의 모습을 조각하여 3·1운동의 정신을 되새기게 하는 것이었다. 또한 원각사지 10층석탑 등 역사적 기념물은 그대로 보존하면서 새롭게 정문과 휴식처, 연못 등을 조성하고, 과거 군악대 시설물로 사용하던 종로도서관은 이전하여 공원영역으로

99
「李大統領銅像除幕」, 『조선일보』, 1956년 4월 1일.

100
「서울을뒤덮은데모群衆 空砲不拘코數十萬突進」, 『동아일보』, 1960년 4월 27일; 「李承晩동상 헐러뜯기시작」, 『동아일보』, 1960년 8월 23일.

101
「己未獨立運動記念塔」, 『조선일보』, 1955년 7월 14일.

102
「三 · 一記念碑와 塔洞公園」, 『조선일보』, 1959년 8월 8일.

103
「先烈의얼 길이 간직 記念碑起工式도盛大」, 『동아일보』, 1960년 3월 2일. 처음의 계획은 제대로 추진되지 못했던 것으로 보이고, 1962년 12월 14일 3·1독립선언기념비 건립 기공식이 다시 거행되었다는 기사가 있다. 「三一獨立宣言 記念碑起工式」, 『동아일보』, 1962년 12월 13일.

104
기념탑의 제원은 12척 동상과 병풍형 전장 58척, 탑신 14척, 벽 14척 7촌이었다. 「光復萬歲 모두 그날 그기쁨으로」, 『조선일보』, 1963년 8월 16일.

105
「光復萬歲 모두 그날 그기쁨으로」, 『조선일보』, 1963년 8월 16일.

106
「"歷史의 현장"서대문독립공원 門연다」, 『경향신문』, 1992년 8월 12일.

107
「義菴 孫秉熙先生 銅像제막」, 『동아일보』, 1966년 5월 17일. 1964년 9월 동상 건립을 결의하고, 1965년 5월 19일 기공식을 가졌다. 동상은 높이 24척(본상 11척, 대석 13척)으로 건립 비용은 약 6백만원이 소요되었다. 「萬物相」, 『조선일보』, 1966년 5월 22일.

삼일문 기둥 치목治木 모습
(출처 : 한양대학교 건축학술정보관)

현재의 삼일문 모습

편입한다는 것이었다. 이에 내부 시설 정비는 서울시에서 공사비를 부담하고, 아케이드는 민간자본을 유치해 개발토록 했다.[108] 공사는 1967년 4월 4일 착공하여 같은 해 12월 12일 준공식을 하고 마무리되었다.

이때 만들어진 탑골공원의 정문은 국보인 강릉의 「객사문」을 본떠 만들었고, 현판은 박정희 대통령의 친필로 새겼다.[109] 그리고 팔각정 단청과 동문 보수, 담장 개축은 인간문화재 조원재씨가 시공을 맡고, 기존 3·1운동 기념탑은 동쪽으로 옮기며, 공원 북쪽에는 독립만세운동을 기념하는 부각 동상을 세웠다. 또한 만해용운당대선사비卍海龍雲堂大禪師碑 건립추진회가 주축이 되어 만해용운당대선사비도 건립되었다. 총공사비는 1억 7천여만 원이 소요되었고,[110] 이때 중수된 탑골공원은 어른 10원, 어린이 5원의 입장료를 받는 유료 공원이 되었다.[111]

한편 중수 과정에서 종로도서관을 이전시킨 자리와 관련해 문제가 발생하기도 했다. 그것은 중수 과정에서 종로도서관을 이전시켜 공원 부지로 확보할 계획이었지만 서울시 도시계획과에서 1967년 초 개통된 삼일로와 연결되는 인사동-안국동 도로를 삼일로와 동일한 폭인 40m 도로로 확장하기로 하면서 공원 용지를 일부 침범하게 된 것이었다. 이와 관련하여 아케이드는 공원 용지에 용도 폐지 없이는 불법 건축물이라는 점을 들어 건설부와 서울시간의 다툼도 있었다. 결국 서울시와 건설부는 아케이드를 공원 전시시설로 협의하고 도로 폭을 조금 줄이는 선에서 타협했던 것으로 보인다.[112]

당시 아케이드 공사는 사용에 따른 계약과 관리권을 두고 분쟁과 여러 우여곡절을 겪기도 했다. 이에 1982년 11월 서울시는 아케이드를 완전히 철거하여 공원을 재정비하기로 결정했다. 1983년 3월 서울시는 탑골공원 정비계획을 결정하고, 3월 내로 아케이드 입주자들을 퇴거시켜 4월부터는 건물을 철거하여 6월 말까지는 모두 철거하기로 계획했다. 그리고 7~8월에는 주변 정지작업을 진행하고, 9~11월에는 조경작업도 진행할 예정이었다.[113] 그밖에 북문과 서문도 정문인 남문과 같은 형태의 사주문四柱門으로 복원하기로 했다.[114] 그러나 아케이드 철거는 7월 중순부터 시작되었고, 1984년 3월 1일 오전 11시에 개원하였다. 아케이드와 종로2가 우체국, 파고다빌딩 등을 헐고 해당 부지를 공원으로 편입하면서 전체 면적은 10,369㎡에서 12,100㎡로 넓어졌고, 서문과 북문도 복원되었으며, 아케이드 뒷벽에 붙어 있던 12개의 부조판은 공원 북쪽 담장 앞에 세워놓아 오늘에 이르고 있다.[115]

108
「모습바뀔 파고다公園 萬歲運動의震源地 周圍엔아케이드」, 『조선일보』, 1967년 2월 28일.

109
정문 신축 당시 주춧돌 12개를 남한산성 내 하천에서 구했는데, 1주일 동안 돌을 구한 뒤 운반하려고 보니 떼어낼 수 없을 정도로 크거나 금이 간 돌이 4~5개가 되어 다시 구하는 데 며칠이 소요되었다고 한다. 장기인, 『한국건축대계5 : 목조』 (보성문화사, 1988), 21쪽.

110
「塔洞공원竣工」, 『조선일보』, 1967년 12월 12일.

111
「파고다公園입장료 어른10원 아동5원」, 『경향신문』, 1967년 12월 21일. 탑골공원을 중수하면서 입장료를 받기 시작했는데 공원을 자주 찾는 노인들에게는 적지 않은 금액이었기에 무료로 입장하게 해달라는 진정서를 정부와 서울시에 제출하게 되었다. 이후 입장료에 대한 여러 차례 문제가 제기되었고 결국 1980년 4월부터 65세 이상의 노인들에게는 무료입장이 허용되었고, 1988년 5월 11일에는 서울시에서 탑골공원을 비롯한 5개 공원(낙성대, 사육신, 효창, 동묘)을 무료로 개방하기로 결정하였다. 「파고다公園 "無料入場혜택을"」, 『조선일보』, 1968년 4월 6일; 「65歲이상 老人은 無料입장」, 『경향신문』, 1980년 4월 28일; 「市內공원 내달부터무료」, 『조선일보』, 1988년 4월 20일.

112
「"不法이다""아니다" 파고다公園 商街아케이드 工事 是非」, 『조선일보』, 1967년 8월 22일.

113
「내달에 아케이드 모두 撤去」, 『조선일보』, 1983년 3월 2일.

114
「파고다公園 새옷 입는다」, 『조선일보』, 1983년 7월 30일.

115
「파고다公園 오늘 개원」, 『조선일보』, 1984년 3월 1일.

2000년 9월 서울시는 탑골공원을 민족 성지로 만들기 위해 다음 해 3월까지 공원의 개보수를 진행하겠다고 밝혔다. 탑골공원을 방문하던 노인들을 위해서는 인근에 서울노인복지센터를 조성하는 것으로 계획했다.[116]

이런 성역화 사업의 구체적인 움직임은 2001년 2월 건축가 이희태가 1959년 설계한 옛 통계청 건물을 개보수해 그동안 노인들의 휴식처로 역할했던 공원 대신 이 건물을 노인복지센터로 활용하겠다고 발표하면서[117] 본격적으로 성역화를 위한 정비사업에 착수하였다. 구체적으로는 먼저 문화재 조사를 진행한 뒤 공원 안 역사적 상징물들이 서로 연계되는 성역 공간을 조성하고, 공원 입구에는 사적비 등을 배치해 각종 의식을 위한 높이 2.1m, 길이 46.4m의 장식벽으로 둘러싼 375평 규모의 기념광장을 조성하는 것으로 계획되었다.[118] 그러나 불교계와의 갈등과 문화재 훼손 우려 등 여러 가지 문제가 발생하여 결국 서울시는 2001년 7월 성역화 사업을 사실상 백지화하였다.

이후로도 2009년 5월 서울시에서 종로구 경운동 서울노인복지센터부터 탑골공원, 종묘공원까지를 노인들의 문화생활을 위한 '실버문화벨트'로 조성하겠다고 발표하기도 하고,[119] 2012년 9월에는 종묘와 탑골공원 주변을 '어르신 거리'로 조성하겠다고도 했으며, 2015년에는 '효자손 서울 정책'도 연이어 발표하기도 했다. 한국의 초고령화 사회로의 변화에 탑골공원을 중심으로 한 지역 일대는 항상 이슈의 대상이 되었다.

이렇듯 탑골공원은 광복 이후 선열들을 위한 기념공간으로의 할애와 도시개발계획, 성역화 사업 등으로 변화를 거듭해오면서 현재에 이르고 있다.

6. 나가면서

탑골공원이 위치하고 있는 곳은 서울의 한복판으로 조선 초기부터 현재에 이르기까지 다양하고 많은 역사적 사건들이 중첩된 장소성을 가지고 있다.

한양도성 안의 장소들은 대부분 여러 역사적 층위가 겹겹이 쌓여있다. 이렇게 중첩된 장소에 잔존해 있는 역사적 궤적을 면밀하게 살피면서 그곳이 갖는 다양하고 혼재된 사실들을 발견하는 것은 흥미로운 장소인문학 연구가 될 것이다.

제국으로의 도시정비사업에서 탄생한 최초의 도시공원으로, 식민지 일상의 도심공원으로 기억되기도 하지만, 3·1운동이라는 역사적 사건에 의해 민족 성지로도 기억되는 탑골공원이 앞으로는 어떤 모습으로 기억되어야 할지를 고민할 시점에 있다.

116
「탑골공원 민족성지로 가꾼다. 내년 3월까지 개보수」, 『한국일보』, 2000년 9월 5일.

117
「탑골공원 부근에 노인복지센터」, 『동아일보』, 2001년 2월 11일.

118
「탑골공원 재정비 성역화하기로」, 『동아일보』, 2001년 2월 27일.

119
「서울 탑골공원 일대 '실버문화벨트' 조성」, 『동아일보』, 2009년 5월 24일.

TAPGOL PARK

The First Urban Park in Seoul

탑골 공원

서울 최초의 도시공원

발행인

김용석 서울역사박물관장

발행일

2022년 7월

발행처

공평도시유적전시관
서울시 종로구 우정국로 26, 센트르폴리스 지하 1층
T 02 724 0135
http://museum.seoul.go.kr

행정간행물 등록번호 51-6110569-000330-01
ISBN 979-11-90480-63-5(03910)

값 14,000원

03910

9 791190 480635
ISBN 979-11-90480-63-5